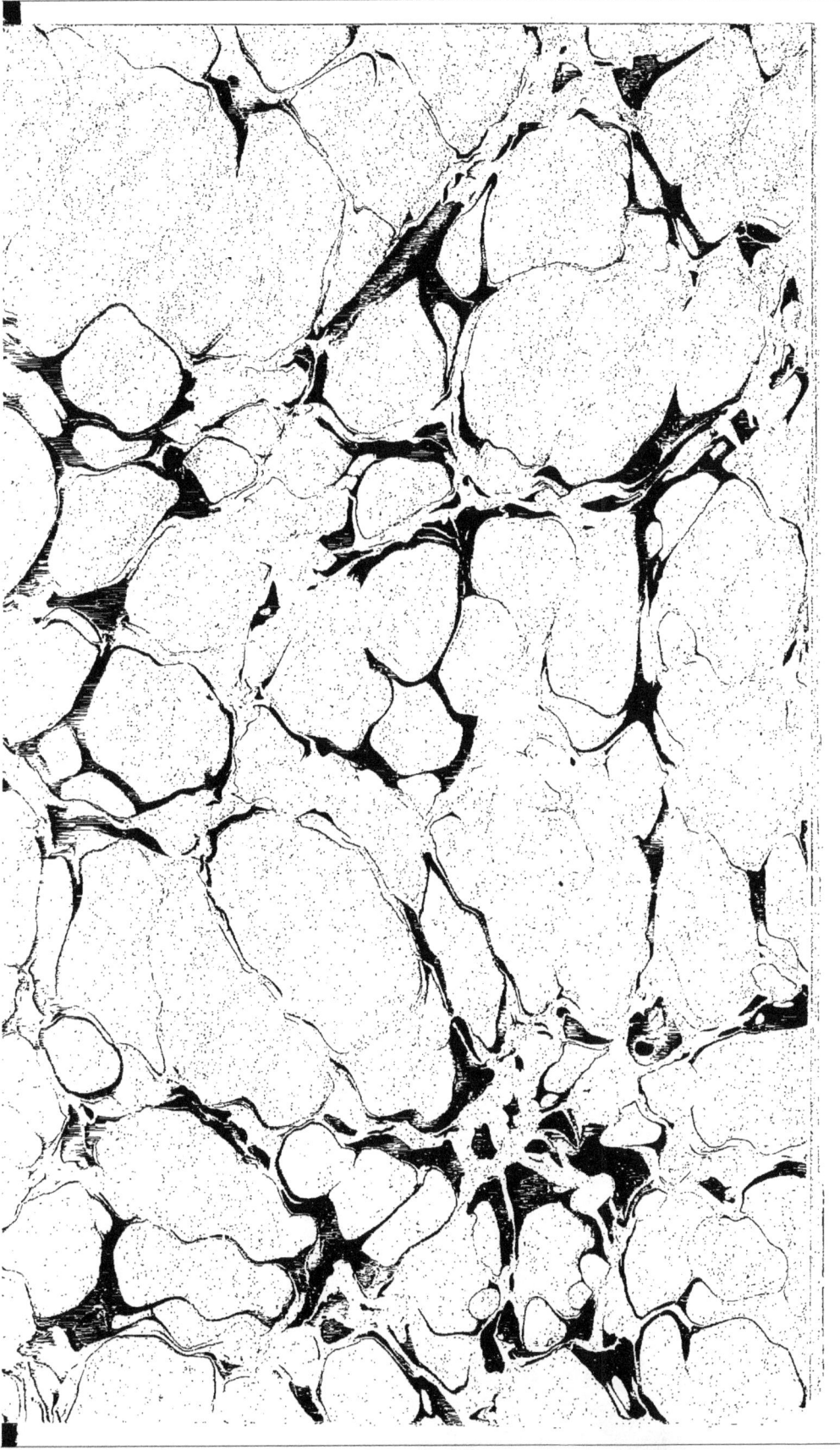

COLLECTION DES CLASSIQUES POPULAIRES

RACINE

LES CLASSIQUES POPULAIRES

Publiés sous la direction de M. Emile FAGUET
DE L'ACADÉMIE FRANÇAISE

Prix de chaque volume, broché . . . . 2 »
— — cart. souple, tr. rouges. 2 75

Chaque volume contient de nombreuses illustrations.

HOMÈRE, par A. COUAT, recteur de l'Académie de Bordeaux, 1 vol.
HÉRODOTE, par F. CORRÉARD, professeur agrégé d'histoire au lycée Charlemagne, 1 vol.
PLUTARQUE, par J. DE CROZALS, professeur d'histoire à la Faculté des Lettres de Grenoble, 1 vol.
DÉMOSTHÈNE, par H. OUVRÉ, professeur à la Faculté des Lettres de Bordeaux, 1 vol.
CICÉRON, par M. PELLISSON, agrégé des Lettres, docteur ès Lettres, 1 vol.
VIRGILE, par A. COLLIGNON, Professeur à l'Université de Nancy, 1 vol.
DANTE, par EDOUARD ROD, 1 vol.
LE TASSE, par ÉMILE HELLIER, agrégé de l'Université, inspecteur d'Académie, 1 vol.
CERVANTES, par LUCIEN BIARY lauréat de l'Académie française, 1 vol.
SHAKESPEARE, par JAMES DARMESTETER, professeur au Collège de France, 1 vol.
GŒTHE, par FIRMERY, professeur de littérature étrangère à la Faculté des Lettres de Lyon, 1 vol.
LA POÉSIE LYRIQUE EN FRANCE AU MOYEN AGE, par L. CLÉDAT, doyen de la Faculté des Lettres de Lyon, 1 vol.
LE THÉATRE EN FRANCE AU MOYEN AGE, par LE MÊME, 1 vol.
LES CHRONIQUEURS, par A. DEBIDOUR, inspecteur général de l'Enseignement secondaire.
PREMIÈRE SÉRIE : Villehardouin ; — Joinville, 1 vol.
DEUXIÈME SÉRIE : Froissart ; — Commines, 1 vol.
RABELAIS, par ÉMILE GEBHARDT, membre de l'Institut, professeur à la Sorbonne.
RONSARD, par G. BIZOS, 1 vol.
MONLUC, par CH. NORMAND, docteur ès Lettres, professeur agrégé d'histoire au lycée Condorcet, 1 vol.
MONTAIGNE, par MAXIME LANUSSE, docteur ès Lettres, professeur agrégé au Lycée Charlemagne, 1 vol.
CORNEILLE, par ÉMILE FAGUET, de l'Académie Française.
LA FONTAINE, par LE MÊME, 1 vol.
MOLIÈRE, par H. DURAND, inspecteur général honoraire de l'Université, 1 vol.
RACINE, par PAUL MONCEAUX, professeur de rhétorique au Lycée Henri IV, docteur ès Lettres, 1 vol.
BOILEAU, par P. MORILLOT, professeur à la Faculté des Lettres de Grenoble, 1 vol.
Mme DE SÉVIGNÉ, par R. VALLERY-RADOT, lauréat de l'Académie française, 1 vol.

BOSSUET, par G. LANSON, maître de conférences à la Sorbonne, docteur ès Lettres, 1 vol.
FÉNELON, par G. BIZOS, recteur de l'Académie de Bordeaux, 1 vol.
LA BRUYÈRE, par MAURICE PELLISSON, agrégé des lettres, docteur ès lettres, 1 vol.
SAINT-SIMON, par J. DE CROZALS, professeur à la Faculté des Lettres de Grenoble, 1 vol.
RETZ, par CH. NORMAND, professeur agrégé d'histoire au Lycée Condorcet, docteur ès Lettres, 1 vol.
LA ROCHEFOUCAULD, par Félix HÉMON, inspecteur d'Académie à Paris.
PASCAL, par MAURICE SOURIAU, professeur à l'Université de Caen, 1 vol.
MONTESQUIEU, par EDGARD ZEVORT, recteur de l'Académie de Caen, 1 vol.
LESAGE, par LÉO CLARETIE, agrégé des Lettres, docteur ès Lettres.
VOLTAIRE, par ÉMILE FAGUET.
J.-J. ROUSSEAU, par L. DUCROS, doyen de la Faculté des Lettres d'Aix, 1 vol.
BUFFON, par H. LEBASTEUR, professeur agrégé des Lettres au Lycée de Lyon, 1 vol.
FLORIAN, par LÉO CLARETIE, professeur agrégé des Lettres, docteur ès Lettres, 1 vol.
ANDRÉ CHÉNIER, par PAUL MORILLOT.
BERNARDIN DE SAINT-PIERRE, par DE LESCURE, 1 vol.
CHATEAUBRIAND, par A. BARDOUX, membre de l'Institut, 1 vol.
VICTOR HUGO, par ERNEST DUPUY, inspecteur général de l'Instruction publique, 1 vol.
LAMARTINE, par EDOUARD ROD, 1 vol.
BÉRANGER, par CH. CAUSERET, agrégé de l'Université, docteur ès Lettres, inspecteur d'Académie.
AUGUSTIN THIERRY, par F. VALENTIN, professeur agrégé d'histoire, 1 vol.
MICHELET, par F. CORRÉARD, professeur agrégé d'histoire au lycée Charlemagne, 1 vol.
THIERS, par EDGARD ZEVORT, recteur de l'Académie de Caen, 1 vol.
GUIZOT, par J. DE CROZALS, professeur à la Faculté des Lettres de Grenoble, 1 vol.
ALFRED DE MUSSET, par CLAVEAU, ancien élève de l'École normale supérieure, 1 vol.
ÉMILE AUGIER, par H. PARIGOT, professeur de rhétorique au lycée Condorcet, 1 vol.

Tous les volumes ont été honorés d'une souscription du Ministère de l'Instruction publique.

D'après SANTERRE.   Gravé par BAUCHART.

COLLECTION DES CLASSIQUES POPULAIRES

RACINE

PAR

PAUL MONCEAUX

ANCIEN ÉLÈVE DE L'ÉCOLE NORMALE SUPÉRIEURE
PROFESSEUR DE RHÉTORIQUE AU LYCÉE HENRI IV, DOCTEUR ÈS LETTRES

Un volume orné de deux portraits et de plusieurs reproductions
d'après GRAVELOT

NOUVELLE ÉDITION

PARIS
SOCIÉTÉ FRANÇAISE D'IMPRIMERIE ET DE LIBRAIRIE
LIBRAIRIE LECÈNE, OUDIN ET Cⁱᵉ
15, RUE DE CLUNY, 15

RACINE

CHAPITRE PREMIER

L'HOMME

En 1694, à l'âge de cinquante-cinq ans, Racine écrivait dans un de ses beaux *Cantiques spirituels* :

    Mon Dieu, quelle guerre cruelle !
    Je trouve deux hommes en moi :
    L'un veut que plein d'amour pour toi
    Mon cœur te soit toujours fidèle.
    L'autre, à tes volontés rebelle,
    Me révolte contre ta loi.

    L'un, tout esprit et tout céleste,
    Veut qu'au ciel sans cesse attaché,
    Et des biens éternels touché,
    Je compte pour rien tout le reste ;
    Et l'autre par son poids funeste
    Me tient vers la terre penché.

    Hélas ! en guerre avec moi-même,
    Où pourrai-je trouver la paix ?
    Je veux et n'accomplis jamais,

> Je veux, mais, ô misère extrême !
> Je ne fais pas le bien que j'aime,
> Et je fais le mal que je hais (1).

On raconte que Louis XIV, en entendant chanter ces strophes, se tourna vers Mme de Maintenon et lui dit : « Madame, voilà deux hommes que je connais bien. » Le Roi avait sans doute de bonnes raisons pour s'appliquer à lui-même les vers du poète. Mais celui que nous peignent surtout ces belles strophes, c'est l'auteur du cantique, c'est Racine.

Il y eut réellement deux hommes en lui : le poète, passionné pour la gloire et les plaisirs profanes, né pour rire, pleurer ou chanter, gai compagnon, mondain accompli, courtisan habile ; et le chrétien, sérieux jusqu'à l'austérité, pieux jusqu'au scrupule dévot, qui fut élevé à Port-Royal et voulut y être enterré, qui a donné au jansénisme toute son âme et qui a mérité d'être inscrit au nécrologe des solitaires.

Le dévot condamnait sans merci tout ce qu'entreprenait et rêvait le poète. Toujours Racine se débattit entre ces deux instincts, de force presque égale, dont chacun l'emporta tour à tour, mais sans jamais détruire l'autre : c'est là le secret de tous les contrastes de sa vie, de ses joies et de ses tristesses, peut-être aussi de son génie.

---

(1) Il va sans dire que, pour cette citation, comme pour toutes les suivantes, nous nous conformons au texte adopté dans l'édition des *Grands écrivains de la France* (Œuvres de Racine, par Paul Mesnard, 8 vol., Hachette, 1865-1873). — Sur la vie et l'œuvre du poète, voyez : Sainte-Beuve, *Port-Royal*, tome VI ; Nisard, *Histoire de la littérature française*, tome III ; Taine, *Nouveaux essais de critique et d'histoire* ; Deltour, *Les ennemis de Racine au XVIIe siècle* ; Deschanel, *Le romantisme des classiques* ; — *Racine*, 1884 (cf. l'article de Brunetière dans la *Revue des Deux-Mondes*, 1er mars 1884) ; Brunetière, *Etudes critiques sur l'histoire de la littérature française* ; *Histoire et littérature* ; *Les époques du théâtre français* ; Faguet, *Les grands maîtres du XVIIe siècle* ; Lemaître, *Impressions de théâtre*; Robert, *Etude sur le système dramatique de Racine*, 1890 (cf. l'article de Lanson dans la *Revue bleue* du 11 février 1891).

I

L'ÉDUCATION LITTÉRAIRE ET L'ÉDUCATION MONDAINE. — L'ÉLÈVE DE PORT-ROYAL ET LE BEL ESPRIT.

C'est le chrétien qui domina d'abord, pendant toute l'enfance et la première jeunesse.

Avant de naître, Jean Racine appartenait à Port-Royal. Sa famille, une bonne famille bourgeoise de la Ferté-Milon, qui avait des prétentions à la noblesse, était depuis longtemps en relations avec la célèbre abbaye. Une de ses grand'tantes y était religieuse. Une de ses tantes se préparait à y faire profession, Agnès Racine, plus tard abbesse sous le nom d'Agnès de Sainte-Thècle. Un de ses cousins Vitart était aux *Petites-Ecoles*. En 1638, un an avant la naissance de Racine, quand Richelieu emprisonna Saint-Cyran et dispersa les solitaires, c'est à la Ferté, chez madame Vitart, la mère de leur élève, que se réfugièrent Lancelot, Antoine Le Maistre et de Séricourt. Et l'année suivante, en août 1639, quand ils purent retourner à Port-Royal des Champs, ils emmenèrent comme intendant M. Vitart père, qui avec sa femme et ses enfants s'installa dans un petit logis voisin de la porte du monastère. Plus tard enfin, la grand'mère paternelle de Racine, Marie Desmoulins, devenue veuve, prit le même chemin. Presque toute la famille se trouva donc comme transplantée à Port-Royal. Aussi la place de Racine y était marquée quand il naquit à la Ferté le 22 décembre 1639. Orphelin à trois ans, il fut recueilli par sa grand'mère Marie Desmoulins. Vers douze ans on l'envoya au collège de la ville de Beauvais, maison amie de Port-Royal. A seize ans, en 1655, il fut admis à l'école des Granges, que dirigeaient Lancelot et Nicole, et où il reçut aussi des leçons d'Hamon et d'Antoine Le Maistre. Il y vécut trois années, tranquille et studieux, malgré les persécutions nouvelles qu'attirait sur le vallon janséniste la terrible ironie des *Provinciales*. Il avait de seize à dix-neuf ans, l'âge où l'homme commence à se dessiner dans l'enfant, et il travaillait là sous la direction toujours éveillée de maîtres incomparables. Aussi conservera-t-il jusqu'à son dernier jour la marque de Port-Royal. Il en aura la dévotion éclairée, la droiture et le jansénisme têtu. Il en aura aussi l'instruction solide. Pendant son séjour aux Petites-Ecoles, Racine a lu et annoté tous les classiques anciens, d'Homère à Plutarque et à saint Basile, de Térence à Sulpice Sévère. Il y apprit le grec comme au xviie siècle on ne l'apprenait que là ; et la tradition nous le montre récitant par cœur *Théagène et Chariclée*, ou s'égarant dans les bois un Sophocle à la main. Helléniste et janséniste, voilà ce qu'était déjà Racine en quittant ses maîtres de Port-Royal.

Mais déjà dans l'âme de ce jeune homme studieux, de cet élève favori des solitaires, grondait l'ambition poétique. A cette imagination curieuse ne suffisaient plus les exercices d'école. Il composait une élégie latine sur les malheurs de Port-Royal. Il paraphrasait en vers français les *Hymnes du bréviaire romain* et y montrait assez de talent pour éveiller chez M. de Saci, l'interprète attitré des Livres saints, comme un semblant de jalousie. Il osait même écrire, sous le nom de *Promenade de Port-Royal des Champs*, sept grandes odes qui attestent un réel sentiment du rythme et du paysage. Jusqu'ici les maîtres applaudissaient, puisque tout allait à la gloire de Dieu et de Port-Royal. Ils se seraient inquiétés sûrement s'ils avaient connu le ton léger et railleur des billets en vers que leur élève adressait à son cousin Antoine Vitart. Il est évident que déjà leur *petit Racine*, comme ils l'appelaient, tournait au bel esprit.

Bel esprit aimable et spirituel, à la mode de Bensérade, voilà bien le Racine émancipé des années qui suivirent. La nature et la société prennent leur revanche sur les solitaires. Après l'éducation sérieuse et dévote, l'éducation mondaine. En 1658, en quittant les Petites-

Écoles, Racine va faire sa philosophie au collège d'Harcourt. L'année d'après, il demeure à l'hôtel de Luynes chez son cousin Nicolas Vitart, intendant du duc. Lui-même devient, par contre-coup, une façon de sous-intendant : on l'envoie au château de Chevreuse, où il surveille des maçons et combat l'ennui au cabaret voisin. A Paris, il jouit d'ailleurs d'une grande liberté ; et, pour assurer mieux encore son indépendance, il quitte un beau jour l'hôtel de Luynes pour aller demeurer à l'*Image Saint-Louis*, près Sainte-Geneviève. Il mène une vie assez joyeuse, s'endette envers M. Vitart, va dans le monde, se lie avec La Fontaine et d'autres gens de lettres. Il subit surtout l'ascendant de son grand ami l'abbé Le Vasseur, auquel il raconte ses aventures et soumet tout ce qu'il écrit. Car décidément il ne rêve plus que poésie. Comme tout le monde alors, il lit, traduit ou imite italiens et espagnols. Il compose des madrigaux, des chansons, des sonnets à pointe, dont un à Mazarin, sur la paix des Pyrénées. A l'occasion du mariage du Roi, il tente la fortune, écrit une grande ode à panache, *la Nymphe de la Seine* (1660), que Perrault admire, que Chapelain louerait presque sans réserve si le poète n'avait mis dans la Seine les Tritons des mers. Le Roi même est satisfait de l'ode et accorde une gratification de cent louis. Mais déjà Racine vise plus haut : il a composé une tragédie, *Amasie*, qui fut reçue et faillit être jouée au Marais (1660) ; et, l'année suivante, on le voit occupé à tracer le plan d'une autre pièce, *les Amours d'Ovide*. Sous l'influence de son ami Le Vasseur et le haut patronage de Chapelain, il est en train de devenir un poète galant et maniéré, à la Quinault.

A ce moment critique de sa vie, où il s'engageait à fond dans les voies dangereuses du bel esprit, Racine fut sauvé par un retour offensif de son éducation première. Malgré son goût pour la poésie, il n'était point sûr de sa vocation : il eut à se défendre contre sa famille et ses anciens maîtres, et il se défendit si mollement qu'il se laissa exiler au fond du Languedoc.

On commençait à s'inquiéter de sa dissipation présente et de son avenir. On avait espéré d'abord faire de lui un avocat; mais il ne s'y prêtait guère. On songea donc à le pousser dans l'Eglise. On se souvint fort à propos de son oncle, Antoine Sconin, ancien supérieur du chapitre de Sainte-Geneviève, devenu vicaire général à Uzès. Sconin se chargea sans hésiter de l'avenir de son neveu. On décida le jeune homme par l'espérance d'un bénéfice. Et, dans l'automne de 1661 il se mit en route pour le Midi. Les incidents du voyage, le soleil, la beauté du pays, la vivacité méridionale, l'accueil cordial de son oncle, l'admiration naïve des indigènes pour l'auteur de l'ode *la Nymphe de la Seine* : tout enchanta d'abord Racine. Au milieu du parc de l'évêché, on le logea dans un pavillon très pittoresque, aujourd'hui *pavillon Racine*. De ses fenêtres, il apercevait, à l'ouest, les tours ducales des seigneurs d'Uzès ; au nord, un vieux minaret promu clocher de cathédrale, et, sur le versant méridional de la colline, des rochers tapissés de lierre, des bois d'oliviers, de chênes-verts et de figuiers; puis, tout en bas, une prairie coupée d'un ruisseau, des moulins, de vastes champs brûlés du soleil. De son frais pavillon il écrivait de jolies lettres à ses amis de Paris, Vitart, Le Vasseur, La Fontaine ; il décrivait le pays, les mœurs, contait ses surprises, ses petites aventures, surtout certaine promenade à Nîmes un jour de fête, où il regarda les visages plus que les fusées. Il demandait des nouvelles de Paris, et du *Parnasse*, comme on disait. Lui-même composait des poésies galantes, par exemple ces jolies *Stances à Parthénice* :

Parthénice, il n'est rien qui résiste à tes charmes :
Ton empire est égal à l'empire des dieux ;
Et qui pourrait te voir sans te rendre les armes,
Ou bien serait sans âme, ou bien serait sans yeux.

Pour moi, je l'avoûrai, sitôt que je t'ai vue,
Je ne résistai point, je me rendis à toi :

Mes sens furent charmés, ma raison fut vaincue,
Et mon cœur tout entier se rangea sous ta loi.

. . . .

Ainsi je fis d'aimer l'heureux apprentissage ;
Je m'y suis plu depuis, j'en aime la douceur ;
J'ai toujours dans l'esprit tes yeux et ton visage,
J'ai toujours Parthénice au milieu de mon cœur.

Oui, depuis que tes yeux allumèrent ma flamme,
Je respire bien moins en moi-même qu'en toi :
L'amour semble avoir pris la place de mon âme,
Et je ne vivrais plus, s'il n'était plus en moi.

Il ébauchait des pièces de théâtre, une tragédie tirée de son roman favori *Théagène et Chariclée*, peut-être aussi les *Frères ennemis*. Mais ce n'étaient là pour lui que des distractions dans une vie d'ailleurs très sérieuse. Pour être agréable à son oncle, même sans se faire trop prier, il étudiait la théologie et les Pères grecs. Mais à saint Thomas et aux Pères il ajoutait Homère et Virgile, le Tasse et Arioste. Il continuait d'annoter ses classiques, traduisait des fragments de Diogène Laerte, de Josèphe, d'Eusèbe et de Philon, écrivait ses savantes *Remarques* sur les Olympiques de Pindare et les dix premiers livres de l'Odyssée. Tout cela se retrouvera plus tard. Dans ses lettres aux Parisiens, par coquetterie, il continuait à jouer du bel esprit ; en réalité il se donnait un complément d'instruction très solide, il achevait ce qu'il avait si bien commencé à Port-Royal.

Cependant le bénéfice ne venait point. Toute la bonne volonté du vicaire général se heurtait à des obstacles de toutes sortes. Racine s'était laissé pousser vers l'Eglise sans conviction, il était venu si loin par curiosité, et lisait saint Thomas par pénitence : il se lassa d'attendre. Peu à peu grandit en lui le regret de Paris, et du monde, et de la poésie. Il prit en horreur sa petite ville de province, le pays, le patois et les gens. Il écrivait à La Fontaine (4 juillet 1662) :

« Votre lettre m'a fait grand bien, et je passerais assez doucement mon temps, si j'en recevais souvent de pareilles.

Je ne sache rien qui me puisse mieux consoler de mon éloignement de Paris : je m'imagine même être au beau milieu du Parnasse, tant vous décrivez agréablement tout ce qui s'y passe de plus mémorable ; mais je m'en trouve fort éloigné, et c'est se moquer de moi que de me porter, comme vous faites, à y retourner. Je n'y ai pas fait assez de voyages pour en retenir le chemin ; et, ne m'en souvenant plus, qui pourrait m'y remettre en ce pays-ci ? J'aurais beau invoquer les Muses, elles sont trop loin pour m'entendre ; elles sont toujours occupées auprès de vous autres Messieurs de Paris. »

Racine était de retour à Paris vers la fin de 1662 ou le commencement de 1663. Son brave homme d'oncle ne lui en voulut pas, et lui fit même obtenir plus tard divers bénéfices, les prieurés de Sainte-Madeleine de l'Epinay (1666-1668), de Saint-Jacques de la Ferté (1671-1674), de Saint-Nicolas de Chésy (1673). Pour le moment, Racine revenait les mains vides. Pourtant il ne dut point regretter ce séjour d'Uzès : il y avait terminé son éducation littéraire et il y avait senti se préciser sa vocation.

Rentré à Paris, il est repris tout entier par le monde et l'ambition poétique. Il saisit toutes les occasions de se produire. Louis XIV venait d'avoir la rougeole : Racine écrivit une ode *Sur la convalescence du Roi*; il la remit à Chapelain, qui en fut content et lui fit obtenir une gratification de six cents livres (1663). Une autre ode, *La Renommée aux muses*, ouvrit à Racine l'accès de la cour : le duc de Saint-Aignan voulut connaître l'auteur et le présenta à Louis XIV. Dès lors, au lever du Roi, on rencontra Racine. Il devenait un poète à la mode. Dans l'été de 1664, sa *Thébaïde* était jouée avec succès par la troupe de Molière. Vers le même temps, il faisait la connaissance de Boileau, qui devint vite son meilleur ami et son conseiller le plus sûr. Racine était alors un joyeux compagnon, fort goûté dans ces légendaires agapes où se rencontraient plusieurs auteurs célèbres de la génération nouvelle, Molière et Boileau, La Fontaine, Chapelle et Furetière, sans compter des gens de cour comme le duc de Vivonne et le chevalier de Nantouillet. On se réunissait chez Boileau, rue du Vieux-Colombier, ou chez Molière, à Auteuil, ou dans un des cabarets en vogue, au *Mouton blanc*, à la *Croix de Lorraine*, à la *Pomme de pin*. Un exemplaire de la *Pucelle* était sur la table : malheur à qui manquait aux règlements ! il fallait s'exécuter, lire des vers de Chapelain. On causait, on buvait, on discutait, on riait surtout : c'est de là que sortirent les *Plaideurs* et *Chapelain décoiffé*. A ces libres fêtes de l'esprit, entre ses aînés Molière et La Fontaine, en face de Boileau, qui prêchaient également la nécessité du retour à la nature et à la raison, Racine, sans peut-être s'en douter, apprit la poétique nouvelle. Même avant qu'il s'y fût rallié tout à fait et méritât pleinement son succès, la gloire vint à lui.

Alexandre fut sa première victoire (1665). Il avait donné sa pièce à la troupe du Palais-Royal ; mais bientôt, mécontent des acteurs, il la porta en secret à l'hôtel de Bourgogne : un soir, elle parut en même temps sur les deux théâtres. C'était une mauvaise action, qui coûtait à l'auteur l'amitié de Molière. Mais *Alexandre* fit d'autant plus de bruit et posa décidément Racine en rival de Corneille. Désormais le théâtre tient notre poète et ne le lâchera pas de longtemps. A sa gloire naissante il va donner le plus sûr des gages : il va lui sacrifier son passé, toute une part de lui-même, la meilleure peut-être.

II

PREMIÈRE CRISE : RUPTURE AVEC PORT-ROYAL. — LES PAMPHLETS CONTRE NICOLE ET LA FARCE DES PLAIDEURS. — D'ANDROMAQUE A PHÈDRE.

Tout au fond de l'âme de Racine, une amertume gâtait la joie du triomphe. Il se savait condamné, se sentait renié par ceux-là mêmes qu'il estimait le plus et dont il eût désiré surtout l'approbation. Depuis bien des années, ses anciens maîtres et sa famille s'effrayaient de ses ambitions profanes. Dès 1660, il avait eu à se défendre contre des sermons venus de Port-Royal (1). L'année suivante, il avait eu le triste courage de railler la disgrâce du confesseur des religieuses, M. de Singlin, qui, pour éviter une lettre de cachet, s'était réfugié en Bretagne (2). En 1663, avec une douleur indignée, bien affectueuse encore, sa tante la religieuse lui avait signifié qu'il ne devait plus songer à la venir voir. La sainte femme écrivait au jeune poète :

« J'ai appris, depuis peu de jours, une nouvelle qui m'a touchée sensiblement. Je vous écris dans l'amertume de mon cœur, et en versant des larmes que je voudrais pouvoir répandre en assez grande abondance devant Dieu pour obtenir de lui votre salut, qui est la chose du monde que je souhaite avec le plus d'ardeur. J'ai donc appris avec douleur que vous fréquentiez plus que jamais des gens dont le nom est abominable à toutes les personnes qui ont tant soit peu de piété, et avec raison, puisqu'on leur interdit l'entrée de l'église et la communion des fidèles, même à la mort, à moins qu'ils ne se reconnaissent. Jugez donc, mon cher neveu, dans quel état je puis être, puisque vous n'ignorez pas la tendresse que j'ai toujours eue pour vous, et que je n'ai jamais rien désiré, sinon que vous fussiez tout à Dieu dans quelque emploi honnête. Je vous conjure donc, mon cher neveu, d'avoir pitié de votre âme, et de rentrer dans votre cœur, pour y considérer sérieusement dans quel abîme vous vous êtes jeté. Je souhaite que ce qu'on m'a dit ne soit pas vrai ; mais si vous êtes assez malheureux pour n'avoir pas rompu un commerce qui vous déshonore devant Dieu et devant les hommes, vous ne devez pas penser à nous venir voir ; car vous savez bien que je ne pourrais pas vous parler, vous sachant dans un état si déplorable et si contraire au christianisme. Cependant je ne cesserai point de prier Dieu qu'il vous fasse miséricorde, et à moi en vous la faisant, puisque votre salut m'est si cher. »

Cette excommunication venant de personnes aimées

(1) Lettre à Le Vasseur, 13 septembre 1660.
(2) *Id.* juin 1661.

avait touché au vif l'âme de Racine. Lui-même ne se sentait pas en paix avec sa conscience. L'ancien élève de Port-Royal ne réussissait point à étouffer en lui le scrupule dévot. Racine, en ce qu'il avait de meilleur, était trop de Port-Royal pour s'en détacher doucement, par l'indifférence. Le moindre incident devait amener un éclat, une rupture violente. Peu de temps après le grand succès d'*Alexandre*, un ancien maître du poète, par une imprudence, hâta la crise.

Desmarets de Saint-Sorlin venait de se convertir à grand fracas : pour faire oublier sa comédie des *Visionnaires* et ses romans, il composait des poèmes apocalyptiques ; il adressait même au roi un *Avis du Saint-Esprit*, plein de sottes élucubrations et de calomnies contre les jansénistes. Nicole partit en guerre contre Saint-Sorlin ; il lui répondit vivement dans une série de pamphlets anonymes, d'abord dix *Lettres sur l'hérésie imaginaire* (1664-1665), puis huit autres, qui portaient le sous-titre de *Visionnaires* (1666) : en tout, dix-huit lettres, autant que les *Provinciales*. Dans sa première *Visionnaire*, Nicole n'hésitait pas à traiter d'*empoisonneurs publics* les faiseurs de romans et les poètes de théâtre. Evidemment, le trait atteignait surtout le Saint-Sorlin d'avant la conversion ; mais Racine se crut visé, lui aussi, en quoi il n'eut peut-être pas tout à fait tort. C'est ainsi que Nicole déchaîna chez son ancien élève toutes les petites rancunes accumulées depuis cinq ans et surexcitées encore par un vague remords. Racine riposta par une *Lettre à l'auteur des Imaginaires* (1666), qui est un chef-d'œuvre de malice et d'ironie mordante, un pamphlet digne des *Provinciales*. Il y raillait sans merci non seulement Nicole et ses Visionnaires, mais tout Port-Royal, et la doctrine sur la grâce, et les livres monotones des solitaires, et leur style, et leur genre de vie, et leur entêtement, et leurs malheurs. On jugera du ton par cette page :

« Qu'est-ce que les romans et les comédies peuvent avoir

de commun avec le jansénisme? Pourquoi voulez-vous que ces ouvrages d'esprit soient une occupation peu honorable devant les hommes, et horrible devant Dieu ? Faut-il, parce que Desmarets a fait autrefois un roman et des comédies, que vous preniez en aversion tous ceux qui se sont mêlés d'en faire ? Vous avez assez d'ennemis : pourquoi en chercher de nouveaux? Oh ! que le Provincial était bien plus sage que vous ! Voyez comme il flatte l'Académie, dans le temps même qu'il persécute la Sorbonne. Il n'a pas voulu se mettre tout le monde sur les bras. Il a ménagé les faiseurs de romans. Il s'est fait violence pour les louer ; car, Dieu merci, vous ne louez jamais que ce que vous faites; et, croyez-moi, ce sont peut-être les seules gens qui vous étaient favorables.

« Mais si vous n'étiez pas contents d'eux, il ne fallait pas tout d'un coup les injurier. Vous pouviez employer des termes plus doux que ces mots d'*empoisonneurs publics*, et de *gens horribles parmi les chrétiens*. Pensez-vous que l'on vous en croie sur votre parole? Non, non, Monsieur, on n'est point accoutumé à vous croire si légèrement. Il y a vingt ans que vous dites tous les jours que les cinq Propositions ne sont pas dans Jansénius ; cependant on ne vous croit pas encore.

« Mais nous connaissons l'austérité de votre morale. Nous ne trouvons point étrange que vous damniez les poètes : vous en damnez bien d'autres qu'eux. Ce qui nous surprend, c'est de voir que vous voulez empêcher les hommes de les honorer. Hé ! Monsieur, contentez-vous de donner les rangs dans l'autre monde : ne réglez point les récompenses de celui-ci. Vous l'avez quitté il y a longtemps : laissez-le juger des choses qui lui appartiennent. Plaignez-le, si vous voulez, d'aimer des bagatelles, et d'estimer ceux qui les font ; mais ne leur enviez point de misérables honneurs auxquels vous avez renoncé. »

Racine n'épargnait même pas les morts : il poursuivait de ses sarcasmes jusqu'à Le Maistre, qui avait tant aimé *le petit Racine*, jusqu'à la Mère Angélique, qui avait veillé sur son enfance avec tant de sollicitude. Il disait de Le Maistre :

« Dites-moi, Monsieur, que faisait dans le monde M. Le Maistre? Il plaidait, il faisait des vers: tout cela est également profane, selon vos maximes. Il avoue aussi, dans une lettre, qu'il a été dans le dérèglement, et qu'il s'est retiré chez vous pour pleurer ses crimes. Comment donc avez-vous souffert qu'il ait tant fait de traductions, tant de livres sur les matières de la grâce? Ho! ho! direz-vous, il a fait auparavant une longue et sérieuse pénitence. Il a été deux ans entiers à bêcher le jardin, à faucher les prés, à laver les vaisselles. Voilà ce qui l'a rendu digne de la doctrine de saint Augustin. »

En transfuge qu'il était, Racine connaissait les points faibles : il frappait à coup sûr, car il était de la maison. Jamais vraiment on n'a mis plus d'esprit et de grâce au service de tant de méchanceté. Le pamphlet de Racine jeta l'émoi dans le camp janséniste. Deux réponses parurent, toutes deux assez faibles. On les avait oubliées déjà, quand Nicole, en 1667, eut l'idée malheureuse de les réimprimer, avec un *Avertissement*, dans une édition des *Imaginaires*. Port-Royal risquait de payer cher cette nouvelle imprudence. Racine avait préparé une *Lettre aux deux apologistes de l'auteur des Imaginaires*, un second pamphlet aussi spirituel et peut-être encore plus mordant que le premier : il y jetait à pleines mains le ridicule sur ses contradicteurs et sur tout le parti janséniste. Messieurs, disait-il,

« Messieurs, vous ne considérez pas que M. Pascal faisait honneur à Port-Royal, et que Port-Royal vous fait beaucoup d'honneur à tous deux. Croyez-moi, si vous en êtes, ne faites point de difficulté de l'avouer, et, si vous n'en êtes point, faites tout ce que vous pourrez pour y être reçus : vous n'avez que cette voie pour vous distinguer. Le nombre de ceux qui condamnent Jansénius est trop grand : le moyen de se faire connaître dans la foule? Jetez-vous dans le petit nombre de ses défenseurs; commencez à faire les importants, mettez-vous dans la tête que l'on ne parle que de vous, et que l'on vous cherche partout pour vous arrêter; délogez souvent, changez de nom, si vous ne l'avez déjà fait; ou plutôt n'en changez point du tout; vous ne sauriez être moins connus qu'avec le vôtre; surtout louez vos Messieurs, et ne les louez pas avec retenue. Vous les placez justement après David et Salomon; ce n'est pas assez : mettez-les devant, vous ferez un peu souffrir leur humilité; mais ne craignez rien : ils sont accoutumés à bénir tous ceux qui les font souffrir. »

Racine songeait à publier ensemble ses deux lettres ; il rédigea même une préface, pleine de traits méchants (1667). Heureusement Boileau était là, qui eut le courage de la franchise. « Ces œuvres, dit-il à son ami, font honneur à votre esprit ; mais elles n'en font pas à votre cœur. » Racine comprit, et la seconde lettre ne parut point. Mais le mal était fait ; en rompant avec Port-Royal, le poète avait renié son passé et meurtri son idéal.

En ces années de sa jeunesse triomphante, au lendemain des pamphlets et d'*Andromaque*, Racine fut un railleur impitoyable. Malheur à qui lui barrait le chemin de la fortune et de la gloire ! Il ne ménageait pas plus Corneille que Chapelain, Molière que Quinault. Contre les jalousies et les critiques il se défendait à l'emporte-pièce, par de sanglantes épigrammes. Pour se venger des ennuis d'un procès, il osa renouveler au théâtre les audaces de l'ancienne comédie athénienne. Pour bien comprendre les *Plaideurs* (1668), il faut se rappeler ce que Racine a voulu faire, non point une vraie comédie, mais une farce bouffonne et satirique, que devait jouer Scaramouche. Il venait d'avoir un long procès au sujet d'un des bénéfices que cherchait à lui faire obtenir son oncle d'Uzès. Il avait le bon droit pour lui, ou croyait l'avoir : il perdit sa cause. Pauvres juges ! ils allaient être bien punis de leur imprudence. On parla beaucoup de l'aventure dans les folles réunions des cabarets à la mode. Racine venait de découvrir le monde de la chicane : il en raillait les ridicules avec tant de verve, que ses amis l'engagèrent à écrire là-dessus une fantaisie satirique. Aristophane, avec ses *Guêpes*, fournit le cadre, l'idée du juge maniaque, le procès des petits chiens, et un certain nombre de vers amusants ; les vieux conteurs français apportèrent le nom et quelques traits de Dandin, de Chicanneau : Boileau raconta une scène grotesque entre plaideurs dont il avait été témoin chez son frère le greffier ; un conseiller au Parlement donna le jargon du Palais ; Furetière prêta plusieurs détails

LES PLAIDEURS. d'après Gravelot.

de son *Roman bourgeois*. Racine ajouta le portier de juge, les avocats, l'amourette indispensable ; et de tous ces éléments sa rancune et son instinct satirique firent la plus énorme et la plus charmante bouffonnerie, la plus amusante charge de la justice du xviie siècle. Tout le Palais y passe, avec ses procès interminables et ruineux, avec sa langue inintelligible aux profanes, avec ses originaux égoïstes et rapaces. Tous les personnages sont des caricatures, mais de types bien vrais alors. Dandin est le juge vénal, qui tient un registre exact des cadeaux et des étrennes, pour qui le Palais est un champ d'exploitation, chez qui la longue pratique du métier a brouillé toutes les notions de bon sens et d'équité :

> Du repos ? Ah ! sur toi tu veux régler ton père ?
> Crois-tu qu'un juge n'ait qu'à faire bonne chère,
> Qu'à battre le pavé comme un tas de galants,
> Courir le bal la nuit, et le jour les brelans ?
> L'argent ne nous vient pas si vite que l'on pense.
> Chacun de tes rubans me coûte une sentence.
> Ma robe vous fait honte : un fils de juge ! Ah ! fi !
> Tu fais le gentilhomme : eh ! Dandin, mon ami,
> Regarde dans ma chambre et dans ma garde-robe
> Les portraits des Dandins : tous ont porté la robe ;
> Et c'est le bon parti. Compare prix pour prix
> Les étrennes d'un juge à celles d'un marquis :
> Attends que nous soyons à la fin de décembre.
> Qu'est-ce qu'un gentilhomme ? Un pilier d'antichambre.
> Combien en as-tu vu, je dis des plus huppés,
> A souffler dans leurs doigts dans ma cour occupés,
> Le manteau sur le nez, ou la main dans la poche,
> Enfin, pour se chauffer, venir tourner ma broche !
> Voilà comme on les traite.

Dans la femme de Dandin, la pauvre Babonnette, assidue à toutes les audiences, les contemporains reconnaissaient la femme du lieutenant-criminel, Mme Tardieu, qui par mégarde emportait régulièrement les serviettes du buvetier :

> La pauvre Babonnette ! Hélas ! lorsque j'y pense,
> Elle ne manquait pas une seule audience !

Jamais, au grand jamais, elle ne me quitta,
Et Dieu sait bien souvent ce qu'elle en rapporta :
Elle eût du buvetier emporté les serviettes,
Plutôt que de rentrer au logis les mains nettes.
Et voilà comme on fait les bonnes maisons.

Et, comme il arrive, Léandre, le fils du juge avide et de la femme rapace, se charge de venger la morale en faisant sauter les écus paternels. S'il y avait des avocats à la première représentation des *Plaideurs*, plus d'un put se reconnaître dans les plaidoyers de Petit-Jean et de l'Intimé. Une des grandes tirades est imitée du début d'un discours de Cicéron, le *Pro Quintio*, qui avait déjà servi au Palais, et tout récemment dans le procès d'un pâtissier contre un boulanger. Dressé par Racine à prendre différents tons, l'acteur qui jouait l'Intimé parodiait successivement les glorieux avocats du Palais, et Gaultier surnommé *la Gueule*, et M. de Montauban, un ami du poète, peut-être même Patru et Le Maistre, un juge qui aurait sommeillé pendant les deux premiers actes, se réveillant tout à coup comme Dandin, se fût vraiment cru à l'audience. Il y a aussi bien des traits de vérité dans Petit-Jean, ce portier de juge, qui a l'œil si éveillé sur ses petits profits et n'ouvre la porte qu'à bon escient, ou dans ce sergent de justice que joue l'Intimé et dont le dos suppliant appelle les coups de bâton. Quant aux plaideurs, ils ont été dessinés d'après nature. Chicanneau, qui connaît si bien les moyens d'attendrir les juges, les procureurs et les clercs de procureur, était alors président à la cour des Monnaies; et la comtesse de Pimbesche, grondeuse, acariâtre et têtue, portait le masque sur l'oreille et l'habit couleur de rose sèche d'une plaideuse acharnée, célèbre au Palais, la comtesse de Cressé. Corneille même avait son compte, et plusieurs de ses vers y étaient drôlement parodiés. Une verve étourdissante animait cette satire en trois actes, ce croquis en charge du Palais, tout en épigrammes, en parodies et en caricatures. Et par là les

Plaideurs se rattachent directement aux pamphlets contre Nicole.

En se moquant des juges et des avocats de son temps, Racine était dans son droit. En attaquant, en ridiculisant ses maîtres de Port-Royal, il avait mal agi. En se séparant d'eux, il risquait de mutiler son génie. Pendant dix ans, les intérêts de ce sacrifice lui furent largement payés, sinon en bonheur, du moins en gloire. C'est l'époque de sa plus grande dissipation, de ses liaisons banales avec la Du Parc et la Champmeslé, de sa rivalité avec Corneille, de ses colères contre d'injustes et jalouses critiques ; mais c'est aussi l'époque de ses triomphes. Presque chaque année est marquée par un chef-d'œuvre. *Andromaque* (1667) fait autant de bruit qu'autrefois le *Cid*. Comme ses ennemis affectent de ne voir en lui que le peintre de l'amour, Racine leur répond par *Britannicus* (1669). A la demande de la duchesse d'Orléans, il compose la charmante élégie de *Bérénice*, et du même coup bat Corneille (1670). Puis il s'enhardit : il évoque l'Orient dans toutes ses violences sensuelles et ses ruses, l'Orient moderne avec *Bajazet* (1672), l'Orient d'autrefois avec *Mithridate* (1673). En même temps, Racine force les portes de l'Académie (1673). Alors, dans toute la maturité de son talent, il revient à la Grèce. Dans *Iphigénie* (1674), il ose lutter directement avec Euripide. Dans *Phèdre* (1677), il se surpasse lui-même ; bien plus, il mérite l'approbation du grand Arnauld. C'est que Racine a eu beau se séparer violemment des maîtres de sa jeunesse. Même en travaillant pour le théâtre qu'ils condamnent, il leur doit quelque chose : d'abord cette conscience littéraire qui a donné tant de solidité à son œuvre ; puis, une idée qui circule à travers tous ses drames, qui en explique en partie l'émotion, la profondeur et la vérité, l'idée janséniste de l'incurable faiblesse humaine.

III

DEUXIÈME CRISE : CONVERSION ET RETRAITE.

Au fond, après comme avant les démêlés avec Nicole, et en dépit des apparences, Racine avait toujours été de Port-Royal. Refoulé par l'ambition littéraire, malmené même dans les jours de colère, le dévot vivait encore en cette âme et guettait dans l'ombre, prêt à profiter d'une défaillance du poète. Après *Phèdre*, une nouvelle crise éclata, plus violente encore que celle des pamphlets : ce fut la revanche de Nicole.

Racine fut pris d'un immense dégoût de la vie qu'il menait depuis dix ans. Il s'était donné tout entier aux choses profanes, il avait voulu ne songer qu'au théâtre ; et voici que les choses profanes lui manquaient, que le théâtre menaçait de trahir ses ambitions. Ses ennemis, qui un instant avaient paru désarmer, revenaient à la charge, plus nombreux, plus acharnés, mieux disciplinés que jamais ; même des grands seigneurs et des grandes dames entraient en campagne ; et l'hôtel de Bouillon devenait le centre des cabales. A prix d'argent l'on faisait le vide autour du nouveau chef-d'œuvre ; quelque temps on en rendait le succès douteux. Injure suprême ! à la *Phèdre* de Racine on opposait, on affectait de préférer celle de Pradon. Au moment où le poète semblait atteindre la perfection de son art, on remettait tout en question, jusqu'à son talent. Sensible et irritable comme il l'était, prompt au découragement, ce fut pour Racine une cruelle déception. Il fit un retour amer sur son passé : il vit clairement la vanité de tout, même de la gloire. En vain il essaya, dans la préface de *Phèdre*, de prouver la moralité de son théâtre et de « réconcilier la tragédie avec quantité de personnes célèbres par leur piété et leur doctrine ». Il réussit à convaincre le grand Arnauld, mais non pas à se convaincre lui-même tout à fait. Dans ce dégoût de tout, Dieu gagnait ce que perdait le monde. La tante du poète, la Mère Agnès, comprit que l'heure était venue pour elle de l'espérance et du pardon : elle intervint et cette fois fut écoutée. Racine avait trente-sept ans : sans arrière-pensée aucune, il renonça au théâtre, aux nouveaux drames rêvés dont il avait esquissé le plan et même écrit quelques morceaux, une *Iphigénie en Tauride*, une *Alceste*. Il revint à Port-Royal, à la foi de son enfance qui sommeillait en lui. Dans l'emportement de sa conversion, il voulut se faire chartreux. Des gens sages, qui le connaissaient bien, combattirent cette résolution : il était fait pour le monde, c'est là qu'il devait travailler à son salut. On lui en indiqua le plus sûr moyen : on lui conseilla de fixer sa vie en se créant des devoirs précis. Le 1ᵉʳ juin 1677, le poète épousait Catherine de Romanet, une personne pieuse et douce, plus que simple, dont il eut cinq filles et deux fils.

C'en est fait maintenant du métier de poète, des ambitions et des nervosités d'artiste. Dans l'homme mûr reparaît l'enfant sérieux de Port-Royal. Racine désormais est tout à ses devoirs de chrétien et de chef de famille.

Il eut à peine besoin de demander le pardon de ses anciens maîtres. Il était rentré dans le droit chemin : on l'accueillit à bras ouverts. Pour apaiser Arnauld, Boileau n'eut qu'à lui porter un exemplaire de *Phèdre* ; le théologien fut ravi d'y trouver exprimée en beaux vers sa doctrine favorite que l'homme est faible et ne peut rien sans la *grâce*. Quant à Nicole, il avait depuis longtemps oublié les pamphlets. Dans la suite, Racine n'eut pas d'amis plus fidèles que les pieux solitaires. Il rendait souvent visite à Nicole, et il l'assista avec beaucoup de dévouement dans sa dernière maladie. Arnauld était loin d'ordinaire, presque toujours en exil ou caché : Racine lui envoyait ses écrits, lui rendait cent petits services ; il le loua plus d'une fois en termes émus, composa de beaux vers pour un de ses portraits, plus tard une inscription pour sa tombe ; il fut presque seul à accompagner son corps au cimetière de Port-Royal. Voici comme il parle de lui dans son *Histoire de l'abbaye* :

« Il est bon d'expliquer ici ce que c'était que M. Arnauld, qu'on faisait l'auteur et le chef de toute la cabale.

« Tout le monde sait que c'était un génie admirable pour les lettres, et sans bornes dans l'étendue de ses connaissances ; mais tout le monde ne sait pas, ce qui est pourtant très véritable, que cet homme si merveilleux était aussi l'homme le plus simple, le plus incapable de finesse et de dissimulation, et le moins propre, en un mot, à former ni à conduire un parti ; qu'il n'avait en vue que la vérité, et qu'il ne gardait sur cela aucunes mesures, prêt à contredire ses amis lorsqu'ils avaient tort, et à défendre ses ennemis, s'il lui paraissait qu'ils eussent raison ; qu'au reste, jamais théologien n'eut des opinions si saines et si pures sur la soumission qu'on doit au Roi et aux puissances ; que non seulement il était persuadé, comme nous l'avons déjà dit, qu'un sujet, pour quelque occasion que ce soit, ne peut point s'élever contre son prince, mais qu'il ne croyait pas même que dans la persécution il pût murmurer. »

Jamais plus ne se démentit le dévouement de Racine au monastère de Port-Royal. Le 17 mai 1679, il était là, en prières dans l'église, quand l'archevêque de Paris, M. de Harlay, vint annoncer et diriger une persécution nouvelle. Lorsque la Mère Agnès de Sainte-Thècle fut élue abbesse, Racine devint l'ambassadeur ordinaire de Port-Royal à l'archevêché et à la cour. Il négocia souvent pour les religieuses auprès de M. de Harlay et de M. de Noailles. Il rédigea pour elles un *mémoire* apologétique. Il consentit même, dans leur intérêt, à mettre sa plume alerte et mordante au service de l'archevêque de Paris contre Fénelon, ami des jésuites et adversaire déclaré des jansénistes. Enfin il consacra les dernières années de sa vie à une *Histoire de Port-Royal*, où il répondait aux calomnies par ce magnifique éloge :

« Il n'y avait point de maison religieuse qui fût en meilleure odeur que Port-Royal. Tout ce qu'on en voyait au dehors inspirait de la piété. On admirait la manière grave et touchante dont les louanges de Dieu y étaient chantées, la simplicité et en même temps la propreté de leur église, la modestie des domestiques, la solitude des parloirs, le peu d'empressement des Religieuses à y soutenir la conversation, leur peu de curiosité pour savoir les choses du monde et même les affaires de leurs proches; en un mot, une entière indifférence pour tout ce qui ne regardait point Dieu. Mais combien les personnes qui connaissaient l'intérieur de ce monastère y trouvaient-elles de nouveaux sujets d'édification ! Quelle paix ! quel silence ! quelle charité ! quel amour pour la pauvreté et pour la mortification ! Un travail sans relâche, une prière continuelle, point d'ambition que pour les emplois les plus vils et les plus humiliants, aucune impatience dans les sœurs, nulle bizarrerie dans les Mères, l'obéissance toujours prompte et le commandement toujours raisonnable. »

Racine fit si bien qu'à la cour il se rendit suspect de jansénisme. Il avait rédigé plusieurs épitaphes pour le cimetière des religieuses, où l'avaient conduit bien des visites et des retraites : c'est là qu'il voulut être enterré. Par tant de bienfaits il mérita qu'on inscrivît au nécrologe du monastère : « *M. Racine, poète, solitaire de Port-Royal* ».

Il porta le même dévouement actif, la même conception élevée du devoir, la même grâce sérieuse dans sa vie de famille et dans ses relations d'amitié. Il s'est peint lui-même, sans y songer, dans sa correspondance avec son fils Jean-Baptiste et avec Boileau. A son fils, dont il dirigea l'éducation avec la sévérité émue d'une clairvoyante affection, il donne des conseils pleins de bon sens ; il cherche à lui inspirer le goût des choses sérieuses ; des camps de Flandre où il a suivi le Roi, de Fontainebleau ou de Marly, il corrige ses versions, surveille ses lectures et ses liaisons. Il lui écrit un jour de Fontainebleau (4 octobre 1692) :

« Je suis fort content de votre lettre, et vous me rendez un très bon compte de votre étude et de votre conversation avec M. Despréaux. Il serait bien à souhaiter pour vous que vous pussiez être souvent en si bonne compagnie, et vous en pourriez retirer un grand avantage, pourvu qu'avec un homme tel que M. Despréaux vous eussiez plus de soin d'écouter que de parler. Je suis assez satisfait de votre version ; mais je ne puis guère juger si elle est bien fidèle, n'ayant apporté ici que le premier tome des *Lettres à Atticus*, au lieu du second, que je pensais avoir apporté... Surtout je vous conseille de ne jamais traiter injurieusement un homme aussi digne d'être respecté de tous les siècles que Cicéron. Il ne vous convient point à votre âge, ni même à personne, de lui donner ce vilain nom de poltron... Je vous dirai même que, si vous aviez bien lu la vie de Cicéron dans Plutarque, vous verriez qu'il mourut en fort brave homme, et qu'apparemment il n'aurait pas tant fait de lamentations que vous, si M. Carmeline lui eût nettoyé les dents. »

Plus tard, lorsque Jean-Baptiste devient gentilhomme du Roi et est envoyé en Hollande comme attaché à l'ambassade de France, son père le suit par la pensée dans les incidents du voyage, se préoccupe des moindres détails, de ses visites, de sa bourse, de son habit ; il lui donne des nouvelles de la maison, lui raconte les petites joies domestiques, les inquiétudes que lui cause la santé d'un des enfants ou la dévotion exaltée de ses filles, leurs idées de couvent. Et quelle solidité de bon sens ! que d'attentions délicates dans la correspondance avec Boileau ! Leur amitié datait de loin ; elle avait précédé les grands succès ; elle n'avait pas été effleurée par les jalousies de métier ; elle avait consolé les poètes de bien des injustices ; elle avait mûri avec leur talent, et maintenant elle se retrouvait, plus forte encore, plus profonde et plus grave, comme éclairée d'un rayon de foi. Cette belle correspondance commence pour nous en 1687 : Racine est alors au siège de Luxembourg, et il envoie à son ami d'Auteuil, des nouvelles du camp. Puis Boileau va suivre un traitement aux eaux de Bourbon ; Racine lui écrit du camp, et plus tard de Paris, de Versailles ou de Marly, des lettres charmantes où il l'interroge sur sa santé, avec une touchante inquiétude, et lui transmet les recommandations des médecins :

« Votre lettre m'aurait fait beaucoup plus de plaisir si les nouvelles de votre santé eussent été un peu meilleures. Je vis M. Dodart comme je venais de la recevoir, et la lui montrai. Il m'assura que vous n'aviez aucun lieu de vous mettre dans l'esprit que votre voix ne reviendra point, et me cita même quantité de gens qui sont sortis fort heureusement d'un semblable accident. Mais, sur toutes choses, il vous recommande de ne point faire d'effort pour parler, et, s'il se peut, de n'avoir commerce qu'avec des gens d'une oreille fort subtile ou qui vous entendent à demi-mot. Il croit que le sirop d'abricot vous est fort bon, et qu'il en faut prendre quelquefois de pur, et très souvent de mêlé avec de l'eau, en l'avalant lentement et goutte à goutte; ne point boire trop frais, ni de vin que fort trempé ; du reste, vous tenir l'esprit toujours gai. » (24 mai 1687.)

Pour dérider un peu le malade, il lui conte des aventures ou des intrigues de cour. Un peu plus tard, Racine est à Namur ; et les récits de guerre recommencent, entremêlés de jolies anecdotes. Chaque fois que la vie sépare les deux amis, la correspondance reprend, en ce style ferme, vif et enjoué, qui est un régal de lettrés, avec cette grâce simple qui égaie une affection vraie.

IV

RETOUR OFFENSIF DE LA LITTÉRATURE ET DU MONDE. — L'HISTOIRE DU ROI. — RACINE A LA COUR ET A L'ACADÉMIE.

Dans cet ami si dévoué et si tendre, dans ce bon père de famille, dans ce chrétien austère, n'y avait-il donc plus rien du poète d'autrefois ? Et la rupture avait-elle été aussi complète que Racine l'avait voulu au temps de sa conversion ?

L'homme ne se métamorphose point ainsi, et toujours, et en dépit de tout, la nature reprend ses droits.

Le plus sincèrement du monde, Racine avait renoncé au théâtre : il tint sa parole ; mais insensiblement, et, par divers détours, il fut ramené aux lettres, au monde, dont il avait cru pouvoir se passer.

L'année même où Racine rompait avec le théâtre, la volonté du Roi l'enchaînait plus étroitement à la cour et au métier d'homme de lettres. En mai 1677, en même temps que son ami Boileau, il était nommé historiographe du Roi. Racine accepta sans hésiter : d'abord il ne pouvait guère opposer un refus à Louis XIV ; puis, en renonçant à travailler pour la scène, il perdait une bonne part de son revenu, au moment où il allait avoir charge d'âmes, et il devait chercher à se procurer des ressources ; enfin il vit sans doute dans cette grave et absorbante profession d'historien un moyen sûr de se défendre lui-même contre toute velléité de retour. Il accepta ; mais il porta dans son métier nouveau la conscience et le scrupule qu'il mettait en tout. Pour se bien pénétrer de ses devoirs, il commença par étudier de près les historiens de l'antiquité, annota Tite-Live, traduisit des fragments de Denys d'Halicarnasse, fit des extraits du traité de Lucien intitulé *Comment il faut écrire l'histoire*. Puis il lut avec soin tout ce qui se rapportait aux événements de son temps. Il mania les pièces d'archives ; et nous possédons encore de sa main tout un dossier de fragments et de notes, les matériaux de son grand ouvrage. Il devint un vrai savant, exact et consciencieux. En 1683, il entrait à l'Académie des Inscriptions, où il conquit vite une grande autorité. On voit par les *Registres* de cette Académie, qu'il y prenait une grande part aux discussions et aux travaux : il rédigeait des inscriptions pour les monuments ou les portraits de princes ; il apportait des sujets ou des devises pour les médailles historiques ; il composait même des catalogues et des mémoires d'érudition. On ne saurait demander à un historien de profession une plus solide et plus laborieuse préparation. Mais Racine ne s'en tenait pas là. Autant que possible, il voulait voir de ses yeux le pays qu'il aurait à décrire, les événements qu'il aurait à raconter. Dès 1678, avec Boileau, il accompagnait Louis XIV aux sièges de Gand et d'Ypres. En 1683, avec Boileau encore, il est en Alsace. Puis, comme son ami est retenu par la maladie, Racine se charge seul de continuer l'enquête : en 1687, nous le trouvons à Luxembourg; et dans les campagnes de 1691, de 1692 et de 1693, il suit encore les armées du Roi. Les gens de guerre et de cour raillent bien un peu les historiographes, leur gaucherie, leur maladresse à cheval, leurs étonnements, leurs questions naïves. Mais les deux amis finissent par séduire jusqu'aux rieurs, et les font taire à force d'esprit, de simplicité dans le courage et de bonne humeur. Plus d'une fois Racine prit en dégoût cette vie errante et ces interminables chevauchées. Du camp de Givry, il écrivait à Boileau en 1692 :

« Le Roi fit hier la revue de son armée et de celle de M. de Luxembourg... Je commençai à onze heures du matin à marcher. J'allai toujours au grand pas de mon cheval, et je ne finis qu'à huit heures du soir... J'étais si las, si ébloui de voir briller des épées et des mousquets, si étourdi d'entendre des tambours, des trompettes et des timbales, qu'en vérité je me laissais conduire à mon cheval sans plus avoir d'attention à rien, et j'eusse voulu de tout mon cœur que tous les gens que je voyais eussent été chacun dans leur chaumière ou dans leur maison, avec leurs femmes et leurs enfants, et moi dans ma rue des Maçons, avec ma famille. Vous avez peut-être trouvé dans les poèmes épiques les revues d'armées fort longues et fort ennuyeuses; mais celle-ci m'a paru tout autrement longue, et même, pardonnez-moi cette espèce de blasphème, plus lassante que celle de la *Pucelle*. »

Racine restait pourtant au camp, parce qu'il sentait que son devoir était là. Il ne se contentait pas d'observer et de prendre des notes, il demandait aux gens du métier les renseignements techniques indispensables, aux officiers le récit de leurs campagnes précédentes, aux ingénieurs le plan d'attaque des villes fortes. Il interrogeait Louvois sur la guerre de Flandre, le maréchal de Luxembourg sur ses opérations, Vauban sur les sièges de Philipsbourg et de Lille. De ces patientes investigations, de cette curiosité jamais satisfaite, de ces voyages, de ce travail consciencieux et obstiné, de cette longue collaboration avec Boileau, devait sortir un véritable monument à la gloire du Roi, œuvre d'art sans doute et par le talent des auteurs et par le tour un peu oratoire du récit, mais aussi, pour le fond, œuvre de science et de vérité. Dès 1686, Racine et Boileau lisaient au Roi une partie de leur *Histoire du royaume sous le règne de Louis XIV*; et ils ne cessèrent de poursuivre leur tâche pendant les années qui suivirent. Malheureusement nous ne pouvons juger sûrement du résultat : le manuscrit, nous dit-on, a été brûlé en 1726, dans l'incendie de la maison de Valincourt à Saint-Cloud. Mais nous possédons encore une partie des matériaux qu'avait réunis Racine, entre autres, le *Précis des campagnes de Louis XIV* et *la Relation du siège de Namur*. Ce sont deux morceaux de grande valeur, qui, par la savante simplicité et la clarté du récit, par la précision et la sobriété du style, donnent une haute idée du talent de Racine historien.

Obligé de paraître régulièrement à Versailles, Racine y devint vite une façon de personnage. Dès 1675, la protection de Colbert l'avait fait nommer trésorier de France en la généralité de Moulins; il était dispensé de la résidence, mais de sa charge il avait les avantages matériels et le rang : ce qui rajeunissait son blason et lui conférait un titre de noblesse bien authentique. Comme historien, il eut un appartement à Versailles et fut de tous les Marly. En 1690, il devint gentilhomme ordinaire, et, en 1696, il acheta une charge de secrétaire du Roi. Il n'avait donc pas seulement le talent et la réputation, il avait le rang : on s'en aperçoit à la façon dont Saint-Simon parle de lui. A Chantilly, on voyait souvent Racine à la table du grand Condé, puis de M. le Duc. Non seulement le poète était lié avec beaucoup de grands seigneurs et de gens de cour, dont quelques-uns, comme Cavoie et Rose, étaient pour lui de vrais amis ; mais encore il avait la faveur de madame de Montespan, qui l'avait fait nommer historiographe. Plus tard, lorsque Louis XIV s'ennuyait d'un tête à tête trop prolongé avec madame de Maintenon, il envoyait souvent chercher Racine pour causer. C'est que Racine était un charmant causeur. Il connaissait le vrai moyen de plaire dans le monde et de se faire écouter : il ne parlait jamais de lui-même, ni surtout de ses œuvres. C'est ce qu'il expliquait bien à son fils :

« Ne croyez pas que ce soient mes pièces qui m'attirent les caresses des grands. Corneille fait des vers cent fois plus beaux que les miens, et cependant personne ne le regarde ; on ne l'aime que dans la bouche de ses acteurs ; au lieu que, sans fatiguer les gens du monde du récit de mes ouvrages, dont je ne leur parle jamais, je les entretiens de choses qui leur plaisent. Mon talent avec eux n'est pas de leur faire sentir que j'ai de l'esprit, mais de leur apprendre qu'ils en ont. » (*Mémoires* de Louis Racine.)

Aussi les courtisans, les ministres, les princes, le Roi se plaisaient à converser avec Racine. De plus, il lisait à merveille. Louis XIV appréciait fort ce talent : pendant une de ses maladies, il fit coucher Racine dans sa chambre et lui fit lire Plutarque. Souple, vif et spirituel, le poète devint promptement un fin courtisan. Madame de Sévigné et Louis Racine citent plus d'une preuve de sa présence d'esprit, de sa promptitude à improviser un compliment. Le 3 novembre 1677, madame de Sévigné écrit à son cousin Bussy :

« Le Roi leur dit (à Racine et à Boileau) : « Je suis fâché que vous ne soyez venus à cette dernière campagne : vous auriez vu la guerre, et votre voyage n'eût pas été long. » — Racine lui répondit : « Sire, nous sommes deux bourgeois qui n'avons que des habits de ville ; nous en commandâmes de campagne; mais les places que vous attaquiez furent plus tôt prises que nos habits ne furent faits. »

Nous sommes tentés, peut-être, de trouver un peu trop habile et complaisant l'austère ami de Port-Royal. Du moins il fit toujours de sa faveur un usage honorable, et il fut sincère jusque dans la flatterie. Il avait conçu pour Louis XIV une admiration sans bornes : il ne pouvait se lasser de le voir, de contempler son visage; il étudiait en lui le modèle de toutes les vertus, il recueillait ses bons mots, notait les traits de sa patience et de sa générosité. En 1698, il écrivait à madame de Maintenon :

« Pour la cabale, qui est-ce qui n'en peut point être accusé, *si on en accuse un homme aussi dévoué au Roi que je le suis*, un homme *qui passe sa vie à penser au Roi, à s'informer des grandes actions du Roi, et à inspirer aux autres les sentiments d'amour et d'admiration qu'il a pour le Roi?...* Dans quelque compagnie que je me sois trouvé, *Dieu m'a fait la grâce de ne rougir jamais ni du Roi ni de l'Evangile.* »

Et un jour, à l'Académie, comme il recevait Bergeret, secrétaire du Roi, il dit publiquement au récipiendaire (2 janvier 1685) :

« Heureux ceux qui, comme vous, Monsieur, ont l'honneur d'approcher de près ce grand prince, et qui, après l'avoir contemplé, avec le reste du monde, dans ces importantes occasions où il fait le destin de toute la terre, peuvent encore le contempler dans son particulier, et l'étudier dans les moindres actions de sa vie, non moins grand, non moins héros, non moins admirable, plein d'équité, plein d'humanité, toujours tranquille, toujours maître de lui, sans inégalité, sans faiblesse, et enfin le plus sage et le plus parfait de tous les hommes ! »

Evidemment cet éloge hyperbolique nous étonne, nous choque même, si l'on songe surtout que, quelques mois plus tard, ce Roi, *plein d'équité, plein d'humanité, toujours tranquille, toujours maître de lui*, allait révoquer l'édit de Nantes et commencer les dragonnades. Arnauld trouva de l'excès dans cet éloge. Louis XIV même, qui pourtant aimait l'encens, déclara la louange un peu forte, et eut le bon sens ou la malice de dire au poète : « Je vous louerais davantage si vous ne m'aviez pas tant loué. » Ce qui peut excuser Racine, c'est d'abord l'habitude, la tradition établie, à l'Académie comme ailleurs ; c'est aussi la sincérité absolue de l'éloge. Il avait voué à Louis XIV un véritable culte ; il poussait jusqu'à la dévotion le loyalisme monarchique. Sans doute, nous l'avons vu, Racine se plaisait surtout dans sa retraite studieuse, à Port-Royal, ou chez lui, au milieu de ses enfants, avec ses amis ; mais évidemment, dès qu'il s'en approchait, la cour et le Roi exerçaient sur lui une sorte de fascination. En vrai poète, il aimait tout ce qui brille. Mais, pour une nature aussi sensible et aussi franche, il était dangereux de se trop prêter à ce jeu. Vienne le temps où le poète sentira un peu de froid autour de lui : il n'en faudra pas plus pour attrister ses derniers jours.

Un si bon courtisan devait mal se défendre contre la fantaisie exigeante des grands. On tenait l'homme de lettres, et l'on entendait bien, à l'occasion, tirer quelque profit de son talent. Racine avait renoncé à la poésie sérieuse : il se laissa arracher des vers de circonstance et différents opuscules. Le 1er janvier 1679, un auteur âgé de sept ans, le duc du Maine, offrait à madame de Montespan un exemplaire de ses œuvres complètes : pour ce recueil Racine avait composé l'Epître dédicatoire, signée par Mme de Maintenon, et au moins un madrigal. L'année suivante, chose plus grave, pour faire sa cour à Mme de Montespan, il consentit à écrire un livret d'opéra, sur la fable de *Phaéton* : il y travaillait avec Boileau, tous deux sans enthousiasme, lorsque Quinault les tira d'affaire en réclamant auprès du Roi en faveur de son monopole. Vers le même temps, une sœur de la favorite, l'abbesse de Fontevrault, imposait à Racine une autre *corvée* (c'est le mot qu'il emploie) : il s'agissait de revoir une traduction faite par elle du *Banquet* de Platon (1). Le poète trouva plus simple et plus court de traduire à son tour une partie du dialogue. En 1685, Racine rédigea la harangue qui fut prononcée devant le Roi par l'abbé Colbert au nom de l'assemblée du clergé. Plus tard il collabora aux *Factums* destinés à prouver les droits du maréchal de Luxembourg dans son interminable procès de préséance contre seize pairs de France. A toutes ces besognes Racine se prêta sans conviction. Mais il retoucha volontiers une de ses œuvres de jeunesse, sa traduction des *Hymnes du bréviaire romain*, qui parut en 1688 dans l'édition de Le Tourneux et qui contient de fort belles strophes comme celles-ci :

> L'aurore brillante et vermeille
> Prépare le chemin au soleil qui la suit ;
> Tout rit aux premiers traits du jour qui se réveille :
> Retirez-vous, démons, qui volez dans la nuit.
>
> Fuyez, songes, troupe menteuse,
> Dangereux ennemis par la nuit enfantés ;
> Et que fuie avec vous la mémoire honteuse
> Des objets qu'à nos sens vous avez présentés.
>
> Chantons l'auteur de la lumière,
> Jusqu'au jour où son ordre a marqué notre fin,
> Et qu'en le bénissant notre aurore dernière
> Se perde en un midi sans soir et sans matin.
>   (Le samedi, à *Laudes*.)

Il faut aussi mentionner à part, sinon pour le fond, du moins pour la forme, une ode que Racine écrivit à l'occasion d'une fête donnée à Sceaux, en 1685, par le marquis de Seignelay : c'est l'*Idylle sur la Paix*, sorte de chœur lyrique, qu'accompagnait la musique de Lully, et qui par la variété des rythmes annonçait les

---

(1) Lettre à Boileau, pour annoncer l'envoi de la traduction du *Banquet* de Platon (édition Mesnard, tome V, p. 451).

chœurs d'*Esther* et d'*Athalie*. Mais là encore, c'est malgré lui, et par résignation de courtisan, que Racine avait fait œuvre de poète.

A l'Académie française, il se souvenait plus volontiers de son passé. D'abord les règlements l'y obligeaient : nous possédons deux discours qu'il prononça comme directeur de l'Académie, le premier en 1678 à la réception de l'abbé Colbert, le second en 1685, à la réception de Thomas Corneille et de Bergeret. Par son dévouement à ses amis, Racine fut même entraîné à prendre une part assez active aux petites intrigues académiques. Il soutint chaleureusement la candidature de Boileau, puis celle de La Bruyère, et combattit aussi celle de Fontenelle. Quand éclata la querelle des anciens et des modernes, il se rangea naturellement au parti des anciens : aussi devint-il avec Boileau le point de mire des épigrammes et des chansons satiriques. Malgré toutes ses belles résolutions, il perdait quelquefois patience ; il laissait échapper des mots méchants. Comme on lui demandait ce qu'il pensait d'un livre de Perrault : « Je pense, dit-il, que Perrault n'entend pas le latin. » Et ses épigrammes contre Boyer, Pradon ou Fontenelle prouvent qu'il avait un peu de peine et beaucoup de mérite à contenir sa malice d'autrefois.

V

L'HOMME DE LETTRES AU SERVICE DU DÉVOT. — LES CHEFS-D'ŒUVRE CHRÉTIENS : TRAGÉDIES SACRÉES, CANTIQUES SPIRITUELS, HISTOIRE DE PORT-ROYAL.

Par ses fonctions d'historiographe, par la cour, par l'Académie, le monde avait repris peu à peu le chrétien pénitent. Le dévot n'avait pu étouffer entièrement le poète. Un heureux concours de circonstances vint réconcilier ces deux ennemis intimes. En travaillant pour Saint-Cyr et Port-Royal, Racine put mettre son talent au service de sa foi : c'est alors qu'il créa ses plus purs chefs-d'œuvre.

Madame de Maintenon avait toujours protégé Racine. Elle l'avait chargé de revoir avec Boileau les *Constitutions* de Saint-Cyr. Elle avait fait jouer *Andromaque* par ses jeunes filles, et avec tant de succès qu'elle jura de ne pas recommencer. Elle pria donc Racine d'écrire spécialement pour Saint-Cyr une pièce d'un caractère religieux, d'où l'amour serait exclu, et où l'on introduirait de la musique et des chants. Le poète, malgré son mépris des choses profanes, craignait de compromettre sa renommée. Il hésita quelque temps. Mais, en relisant la Bible, il rencontra l'histoire d'Esther, et se décida. Des scènes de l'Ecriture il composa un drame simple, à la Sophocle. Ce fut un triomphe éclatant. La pièce avait été représentée d'abord le 26 janvier 1689, par les jeunes filles de Saint-Cyr, devant le Roi, madame de Maintenon et quelques personnes. Mais tout le monde à la cour voulut voir le chef-d'œuvre. *Esther* provoqua un véritable enthousiasme, dont on trouve l'écho dans les *Souvenirs* de madame de Caylus, dans les lettres de madame de Sévigné et d'Arnauld.

Ce succès avait enhardi Racine. Il entreprit une nouvelle tragédie religieuse. Cette fois, il anima le cadre et, dans un drame plein de Dieu et de la grandeur biblique, il osa montrer tout le jeu des passions humaines : ce fut son chef-d'œuvre. Mais les circonstances étaient moins favorables. Madame de Maintenon venait de réformer sa maison d'éducation. Représentée sans costumes, d'abord à Saint-Cyr, puis dans une chambre de Versailles (1691), *Athalie* produisit de l'effet, moins cependant qu'*Esther*. Imprimée, la pièce fut à peine lue, ne valut à l'auteur que des épigrammes et des railleries : il crut s'être trompé. Le succès vint plus tard, éclatant, quand on donna la première représentation publique d'*Athalie*, en 1716 : mais Racine était mort depuis longtemps. En travaillant pour Saint-Cyr, il n'avait pas cru manquer à ses résolutions de chrétien : malgré toutes les propositions des comédiens, il ne consentit jamais à laisser paraître sur un vrai théâtre ses deux tragédies sacrées.

C'est aussi pour Saint-Cyr que Racine, en 1694, composa ses quatre *Cantiques spirituels*. Par l'inspiration, par la magnificence du style et la richesse des rythmes, ces odes pieuses méritent de prendre place à côté des plus beaux chœurs d'*Esther*. On en jugera par ces strophes :

> En vain je parlerais le langage des anges ;
> En vain, mon Dieu, de tes louanges
> Je remplirais tout l'univers :
> Sans amour, ma gloire n'égale
> Que la gloire de la cymbale
> Qui d'un vain bruit frappe les airs.
>
> Que sert à mon esprit de percer les abîmes
> Des mystères les plus sublimes
> Et de lire dans l'avenir ?
> Sans amour, ma science est vaine
> Comme le songe dont à peine
> Il reste un léger souvenir.
>
> Que me sert que ma foi transporte les montagnes,
> Que dans les arides campagnes
> Les torrents naissent sous mes pas,
> Ou que, ranimant la poussière,
> Elle rende aux morts la lumière,
> Si l'amour ne l'anime pas ?
>
> Oui, mon Dieu, quand mes mains de tout mon héritage
> Aux pauvres feraient le partage ;
> Quand même pour le nom chrétien,
> Bravant les croix les plus infâmes,
> Je livrerais mon corps aux flammes,
> Si je n'aime, je ne suis rien. (*Cantique I*[er].)

Le dernier chef-d'œuvre de Racine fut en même temps une bonne action. Au moment où Port-Royal, calomnié, persécuté, battu en brèches de toutes parts, déjà menaçait ruine, le poète entreprit de justifier par les faits la sainte abbaye qui avait abrité son enfance et consolé son âge mûr. Avec la même conscience que pour l'*Histoire du Roi*, il étudia de près les archives du monastère, les mémoires, les lettres, les notes manuscrites des solitaires et des religieuses, tous les documents officiels ou privés. En dépit de la maladie, il poussa jusqu'au bout son travail. Et, deux jours avant sa mort, il put remettre à un ami, le médecin Dodart, le manuscrit de l'*Histoire de Port-Royal*. C'est d'abord une œuvre très solide, capitale pour qui veut connaître la célèbre abbaye. Racine est le plus ancien historien de Port-Royal ; il a puisé directement aux meilleures sources. Tous ceux qui sont venus ensuite lui doivent beaucoup, plus même qu'ils ne le disent, au xviiie siècle l'abbé Besoigne, dom Clémencet, Guilbert, et, il y a cinquante ans, Sainte-Beuve. Mais l'*Histoire de Port-Royal* a bien d'autres mérites. Pour la vivacité et la sobriété du récit, pour la justesse et l'élégante simplicité du style, pour la convenance de la forme et du fond, c'est proprement une merveille. Boileau disait que c'était le plus parfait morceau d'histoire que nous eussions dans notre langue. Nous dirons seulement qu'encore aujourd'hui, après plusieurs générations de grands historiens, nous pouvons avoir aussi bien, mais nous n'avons pas mieux. Pour n'en citer qu'un exemple, nous ne connaissons rien de plus saisissant et de plus simple à la fois que le récit des derniers jours de la Mère Angélique :

« Elle avait passé tout l'hiver à Port-Royal des Champs, avec une santé fort faible et fort languissante, ne s'étant point bien rétablie d'une grande maladie qu'elle avait eue l'été précédent. Il y avait déjà du temps qu'elle exhortait ses religieuses à se préparer par beaucoup de prières aux tribulations qu'elle prévoyait qui leur devaient arriver... Elle apprit en chemin que ce jour-là même le lieutenant civil était venu dans la maison de Paris, et les ordres qu'il y avait apportés. Elle se mit aussitôt à réciter le *Te Deum* avec les sœurs qui l'accompagnaient dans le carrosse, leur disant qu'il fallait remercier Dieu de tout et en tout temps. Elle arriva avec cette tranquillité dans la maison ; et comme elle vit des religieuses qui pleuraient : « Quoi ? dit-elle, mes filles, je pense qu'on pleure ici. Et où est votre foi ? » Cette grande fermeté néanmoins n'empêcha pas que les jours suivants ses entrailles ne fussent émues lorsqu'elle vit sortir toutes ces pauvres filles qu'on venait enlever les unes après les autres..... L'heure étant venue qu'il fallait qu'elles sortissent, la Mère Angélique, qui sentit son cœur se déchirer à cette séparation, et que sa fermeté commençait à s'ébranler, tout à coup s'adressa à Dieu pour le prier de la soutenir, et prit la résolution de les mener elle-même à la porte, où leurs parents les attendaient. Elle les leur remit entre les mains avec tant de marques de constance, que Mme de Chevreuse, qui venait quérir Mlle de Luynes, ne put s'empêcher de lui faire compliment sur son grand courage. « Madame, lui dit la Mère d'un ton qui acheva de la remplir d'admiration, tandis que Dieu sera Dieu, j'espérerai en lui, et je ne perdrai point courage. » Ensuite, s'adressant à Mlle de Luynes l'aînée qui fondait en larmes : « Allez, ma fille, lui dit-elle, espérez en Dieu, et mettez en lui votre confiance. Nous nous reverrons ailleurs, où il ne sera plus au pouvoir des hommes de nous séparer. »... Son extrême humilité la rendit fort attentive, dans ces derniers jours de sa vie, à ne rien dire et à ne rien faire de trop remarquable, ni qui donnât occasion de parler d'elle avec estime après sa mort... Bientôt après, elle entra dans l'agonie, qui fut d'abord très douloureuse ; mais enfin toutes ses souffrances se terminèrent en une espèce de léthargie, pendant laquelle elle s'endormit du sommeil des justes, le soir du sixième d'août, jour de la Transfiguration, âgée de soixante et dix ans moins deux jours. »

L'abbaye janséniste avait inspiré Racine aussi heureusement que la maison de Saint-Cyr : et l'*Histoire de Port-Royal* fait bonne figure à côté d'*Athalie* et des *Cantiques spirituels*.

VI

LES DERNIÈRES ANNÉES : RACINE ENTRE LOUIS XIV ET PORT-ROYAL.

Étrange destinée du poète ! Depuis plus de vingt années, en dehors des affections de famille et d'amitié, deux sentiments se partageaient son âme, aussi sincères, aussi profonds l'un que l'autre : le dévouement au Roi, à madame de Maintenon, à Saint-Cyr, et le dévouement aux amis d'Arnauld, à la Mère Agnès de Sainte-Thècle, à Port-Royal. Le même homme écrit en même temps l'histoire du Roi et l'histoire du monastère des Arnauld. Or il était bien difficile de concilier ces deux loyalismes à une époque où Louis XIV maltraitait l'abbaye et disait à la comtesse de Grammont : « On ne doit point aller à Marly, quand on va à Port-Royal. » Dans un curieux passage de son Histoire du monastère, Racine cherche en vain à s'expliquer cette cruelle réalité : la maison sainte qu'il aimait tant, persécutée par un roi qu'il admirait en tout :

« Je ne doute pas que la postérité, qui verra un jour, d'un côté, les grandes choses que le roi a faites pour l'avancement de la religion catholique, et, de l'autre, les grands services que M. Arnauld a rendus à l'Eglise, et la vertu extraordinaire qui a éclaté dans la maison dont nous parlons, n'ait peine à comprendre comment il s'est pu faire que, sous un roi si plein de piété et de justice, une maison si sainte ait été détruite, et que ce même M. Arnauld ait été obligé d'aller finir sa vie dans les pays étrangers. Mais *ce n'est pas la première fois que Dieu a permis que de fort grands saints aient été traités en coupables par des princes très vertueux.* L'histoire ecclésiastique est pleine de pareils exemples ; et il faut avouer que *jamais prévention n'a été fondée sur des raisons plus apparentes que celle du roi contre tout ce qui s'appelle jansénisme.* »

Mais les raisonnements ne changeaient rien au fait brutal, dont Racine souffrit beaucoup. A Versailles, il eut le courage de ne jamais renier Port-Royal. Par cette fidélité à des amis malheureux, il se rendit suspect de jansénisme, un crime que Louis XIV ne pardonnait guère.

Dans les dernières années de sa vie, le poète sentit de la froideur dans le regard du roi. Quoique sa situation officielle fût la même, quelque chose pour lui était changé à la cour. Il s'en aperçut bien en deux circonstances que nous connaissons surtout par les *Mémoires* de Louis Racine. Pour soutenir la guerre contre l'Europe coalisée, on faisait argent de tout ; on frappa d'une taxe spéciale les secrétaires du roi. Racine, qui venait justement d'acheter une de ces charges, voulut se faire exempter de cet impôt. Il rédigea donc un mémoire que madame de Maintenon devait présenter au roi. Comme la réponse tardait, des amis du poète tentèrent de nouvelles démarches : Louis XIV fut choqué de cette insistance, et refusa net, avec un mouvement d'impatience qui, pour des yeux exercés, en disait long. Voici qui fut plus grave encore. Un jour, le roi surprit entre les mains de madame de Maintenon un mémoire sur les misères du peuple. Il voulut en connaître l'auteur. Madame de Maintenon se défendit longtemps : ce mémoire, disait-elle, avait été composé pour elle seule, et sur sa demande. Mais Louis XIV exigea, elle dut parler : elle nomma Racine. « Croit-il tout savoir ? dit le roi. Et parce qu'il est poète, veut-il être ministre ? » A quelque temps de là, dans une allée de Versailles, madame de Maintenon causait avec Racine et cherchait à le rassurer sur les dispositions du maître, quand on entendit le bruit d'une calèche. « C'est le roi qui se promène », s'écria madame de Maintenon. « Cachez-vous. » Et le poète dut se cacher dans un bosquet. Pendant cette minute-là, s'il se souvint de ses longues causeries dans la chambre royale, il dut faire d'amères réflexions sur le métier de courtisan. Il n'y a pas de raison sérieuse pour ne pas accepter ces récits de Louis Racine. Mais les scènes qu'il décrit ne sont que des circonstances particulières, où se trahirent les nouvelles dispositions du roi. Le vrai grief contre Racine, au moins le seul durable, fut la fidélité à Port-Royal : c'est de cela qu'il parle surtout dans la longue lettre que, le 4 mars 1698, il écrivit pour se justifier à madame de Maintenon, et où il cherchait à prouver qu'on pouvait aimer le monastère janséniste sans être pour cela janséniste.

« ... Voilà, Madame, tout naturellement, comme je me suis conduit dans cette affaire. Mais j'apprends que j'en ai une autre bien plus terrible sur les bras, et qu'on m'a fait passer pour janséniste dans l'esprit du roi. Je vous avoue que lorsque je faisais tant chanter dans *Esther* :

Rois, chassez la calomnie,

je ne m'attendais guère que je serais moi-même un jour attaqué par la calomnie. Je sais que, dans l'idée du roi, un janséniste est tout ensemble un homme de cabale et un homme rebelle à l'Eglise. Ayez la bonté de vous souvenir, Madame, combien de fois vous avez dit que la meilleure qualité que vous trouviez en moi, c'était une soumission d'enfant pour tout ce que l'Eglise croit et ordonne, même dans les plus petites choses. J'ai fait, par votre ordre, près de trois mille vers sur des sujets de piété, j'y ai parlé assurément de l'abondance de mon cœur, et j'y ai mis tous les sentiments dont j'étais le plus rempli. Vous est-il jamais revenu qu'on y ait trouvé un seul endroit qui approchât de l'erreur et de tout ce qui s'appelle jansénisme ?... »

On ne peut dire que Racine ait été véritablement en disgrâce : jusqu'au bout il fut des voyages de Marly et de Fontainebleau ; en août 1698, c'est seulement l'état de sa santé qui l'empêcha d'aller au camp de Compiègne ; au commencement de 1699, il devait encore suivre la cour à Marly ; et, pendant sa dernière maladie, Louis XIV fit souvent prendre de ses nouvelles. Rien ou presque rien n'était donc changé dans les apparences. Pourtant, à cent détails, Racine comprenait qu'il n'était plus, comme autrefois, le bienvenu auprès du Roi ; et il souffrait cruellement de cet accueil un peu froid.

Sa santé s'était altérée sérieusement depuis le printemps de 1698. Il était miné par une maladie de foie. Dans l'intervalle de ses crises, il put se croire guéri ; il se rendit même à Melun pour la profession de sa seconde fille, et, au commencement de 1699, il put assister au mariage de sa fille aînée. Mais bientôt son mal s'aggrava ; on s'inquiéta autour de lui, même à la cour. Après de longues souffrances, supportées avec une résignation toute chrétienne, il se sentit perdu, le dit à son fils aîné, tandis que par son courage simple il édifiait sa famille et les amis qui l'assistaient. Il mourut le 21 avril 1699. Comme il l'avait demandé dans son testament, il fut enterré à Port-Royal des Champs. Mais le Roi ne devait point l'y laisser dormir en paix. Les persécuteurs de l'abbaye n'épargneront même point les morts : on dépeuplera le cimetière comme le cloître. Et le 2 décembre 1711, les restes de Racine, avec ceux d'Antoine Le Maistre et de Saci, seront transportés à Saint-Etienne-du-Mont.

VII

CARACTÈRE ET TOUR D'ESPRIT DE RACINE.

La vie de Racine, avec tous ses contrastes, ses brusques revirements et ses crises, s'explique bien par le caractère de l'homme : un grand fonds de sérieux sous la plus mobile imagination d'artiste.

Il avait le solide encore plus que le brillant. Pendant toute son existence, sans se rebuter de rien, il continua d'étudier, au temps de ses grands succès comme à Port-Royal ou à Uzès ; son ardeur sembla redoubler à mesure qu'il avançait en âge ; pour réunir les matériaux de son *Histoire du Roi*, de son *Histoire de Port-Royal*, de ses tragédies religieuses, il travailla comme un bénédictin. C'est par cette conscience littéraire, par cette solidité du fond, qu'il donnait tant d'éclat et de précision à la forme, tant de vie et d'harmonie à toutes ses œuvres.

Il était naturellement bon, tendre même. Enfant, il se fit adorer de ses maîtres. Jeune homme, au milieu des plaisirs de Paris, il entourait d'égards et d'affection tous les siens : sa grand'mère Marie Desmoulins, qui l'avait élevé et qu'il allait voir régulièrement à Port-Royal, sa sœur Marie (madame Rivière), à qui il témoigna toujours une vive tendresse, ses cousins les Vitart, son oncle le vicaire général d'Uzès, sa tante la Mère Agnès de Sainte-Thècle. Tel il avait été enfant, tel il se retrouva après quelques folies de jeunesse. Il fut le modèle des maris et des pères ; il eut la délicatesse de ne jamais s'ennuyer en compagnie de la bonne et naïve bourgeoise qui fut sa femme ; il veillait avec un scrupule infini sur la santé et l'éducation de ses enfants ; il prenait part à leurs jeux ; pour manger avec eux une carpe, il refusait une invitation de M. Le Duc ; chaque soir, il s'agenouillait au milieu d'eux pour réciter la prière et leur commenter l'Evangile du jour ; il étudiait leur caractère pour diriger sûrement leur avenir ; malgré sa piété, il mettait ses filles en garde contre une vocation incertaine, et, quand l'une d'elles s'obstina à prononcer des vœux, il céda par bonté, les larmes aux yeux.

Il fut un ami incomparable pour quelques personnes d'élite qui avaient su trouver le chemin de son cœur : La Fontaine, Poignant, Cavoie, Valincour, Arnauld et Nicole, surtout Boileau, qui fut pour Racine un autre lui-même et auquel il disait à son lit de mort : « C'est un bonheur pour moi de mourir avant vous. »

Il se plaisait à obliger les gens et usait volontiers de son crédit pour faire des heureux. Il était toujours prêt à s'employer pour ses amis, pour sa famille, pour de simples connaissances, pour la ville de la Ferté comme pour Boileau, pour un échevin de Liège, qu'il n'avait jamais vu, comme pour Arnauld. Il promettait volontiers et ne manquait point de parole ; les paysans des environs de Port-Royal, avec autant de confiance que la Mère abbesse, l'arrêtaient pour lui recommander leurs petites affaires ; même on l'en raillait à la cour. Il faisait le bien autour de lui, même loin de lui, et sans le dire ; il chargeait sa sœur de distribuer délicatement ses aumônes à des parents pauvres, et il ne les oublia point dans son testament, non plus que sa vieille nourrice et les indigents de la paroisse Saint-Sulpice.

Il commit des fautes dans sa vie, mais il sut les réparer avec une rare noblesse d'âme. Il s'était permis bien des vivacités contre Corneille : mais, le jour où l'on apprit la mort du vieux poète, Racine, qui la veille encore était directeur de l'Académie, voulut disputer à son successeur, l'abbé de Lavau, le droit de rendre publiquement hommage à l'auteur du *Cid* ; et dans son discours académique, il fit de Corneille le plus magnifique éloge :

« La scène retentit encore des acclamations qu'excitèrent à leur naissance *le Cid, Horace, Cinna, Pompée*, tous ces chefs-d'œuvre représentés depuis sur tant de théâtres, traduits en tant de langues, et qui vivront à jamais dans la bouche des hommes. A dire le vrai, où trouvera-t-on un poète qui ait possédé à la fois tant de grands talents, tant d'excellentes parties : l'art, la force, le jugement, l'esprit ? Quelle noblesse, quelle économie dans les sujets ! Quelle véhémence dans les passions ! Quelle gravité dans les sentiments ! Quelle dignité, et en même temps quelle prodigieuse variété dans les caractères ! Combien de rois, de princes, de héros de toutes nations nous a-t-il représentés, toujours tels qu'ils doivent être, toujours uniformes avec eux-mêmes, et jamais ne se ressemblant les uns aux autres ! Parmi tout cela, une magnificence d'expression proportionnée aux maîtres du monde qu'il fait souvent parler, capable néanmoins de s'abaisser, quand il veut, et de descendre jusqu'aux plus simples naïvetés du comique, où il est encore inimitable. Enfin, ce qui lui est surtout particulier, une certaine force, une certaine élévation qui surprend, qui enlève, et qui rend jusqu'à ses défauts, si on lui en peut reprocher quelques-uns, plus estimables que les vertus des autres.

Personnage véritablement né pour la gloire de son pays; comparable, je ne dis pas à tout ce que l'ancienne Rome a eu d'excellents tragiques, puisqu'elle confesse elle-même qu'en ce genre elle n'a pas été fort heureuse, mais aux Eschyles, aux Sophocles, aux Euripides, dont la fameuse Athènes ne s'honore pas moins que des Thémistocles, des Périclès, des Alcibiades, qui vivaient en même temps qu'eux.... Lorsque dans les âges suivants on parlera avec étonnement des victoires prodigieuses et de toutes les grandes choses qui rendront notre siècle l'admiration de tous les siècles à venir, Corneille, n'en doutons point, Corneille tiendra sa place parmi toutes ces merveilles. La France se souviendra avec plaisir que sous le règne du plus grand de ses rois a fleuri le plus célèbre de ses poètes. On croira même ajouter quelque chose à la gloire de notre illustre monarque lorsqu'on dira qu'il a estimé, qu'il a honoré de ses bienfaits cet excellent génie; que même deux jours avant sa mort, et lorsqu'il ne lui restait plus qu'un rayon de connaissance, il lui envoya encore des marques de sa libéralité; et qu'enfin les dernières paroles de Corneille ont été des remerciements pour Louis le Grand. »

Racine s'était montré bien agressif dans les premières préfaces de ses pièces; mais dans les éditions suivantes il supprima de lui-même tous les passages trop malicieux. Il avait beaucoup malmené Nicole et Port-Royal, mais il regretta toute sa vie son emportement d'un jour, et l'expia par un dévouement à toute épreuve. Il reconquit sans réserve l'amitié de Nicole qu'il assista dans son agonie. Et qui ne connaît cette admirable scène: Racine se jetant aux pieds d'Arnauld pour implorer son pardon? Il ne se crut jamais quitte envers les religieuses de Port-Royal et les solitaires. C'est avec une touchante humilité qu'il demande à être inhumé dans leur cimetière. Un jour, à l'Académie, l'abbé Tallemant s'était avisé de lui reprocher sa conduite envers Port-Royal : « Oui, Monsieur, lui répondit le poète, vous avez raison; c'est l'endroit le plus honteux de ma vie, et je donnerais tout mon sang pour l'effacer (1). » Une autre

1) Note de Jean-Baptiste Racine (éd. Mesnard, IV, p. 263); cf. les *Mémoires* de Louis Racine (*ibid.* I, p. 233-235).

fois, il disait à un ami : « Je ne me soucierais pas d'être disgracié et de *faire la culbute*, pourvu que Port-Royal fût remis sur pied et fleurît de nouveau (1). »

Il fut toujours de Port-Royal, non seulement par le cœur, mais encore, et quoiqu'il s'en défendît un peu, par la forme de sa piété. Il a composé des épigrammes sur l'attitude du clergé de France dans l'affaire de la signature du *Formulaire* (1664) :

> Contre Jansénius j'ai la plume à la main,
> Je suis prêt à signer tout ce qu'on me demande.
> Qu'il soit hérétique ou romain,
> Je veux conserver ma prébende.

Malgré toute la valeur et la solidité de son *Histoire de l'abbaye*, il est bien certain que les événements y sont vus du côté janséniste. L'auteur n'y ménage guère les ennemis de ses amis : il y a écrit sur les Jésuites des pages qui pourraient servir de commentaire aux *Provinciales* ; il y fait jouer un rôle assez ridicule à l'archevêque de Paris, Hardouin de Péréfixe ; il ose même railler, à l'occasion des Cinq propositions, l'attitude équivoque du pape Innocent X. Evidemment, pour Racine, le vrai christianisme était celui de Port-Royal. Mais quand les solitaires et les religieuses n'étaient pas en cause, il n'avait plus que la foi des simples. Il prenait pour confesseur un brave prêtre quelconque. Il croyait à tous les miracles, à la guérison de l'hydropique sur la tombe de M. Vialart comme au prodige de la Sainte-Epine. Avec cette conviction profonde, il était partisan de la tolérance, comme le prouve ce passage de la harangue qu'il composa pour l'abbé Colbert (1685) :

« Faut-il l'avouer, Sire, quelque intérêt que nous ayons à l'extinction de l'hérésie, notre joie l'emporterait peu sur notre douleur, si, pour surmonter cet hydre, une fâcheuse nécessité avait forcé votre zèle à recourir au fer et au feu,

---

(1) Lettre à M. Vuillart, 30 avril 1699.

comme on a été obligé de faire dans les règnes précédents. Nous prendrions part à une guerre qui serait sainte, et *nous en aurions quelque horreur,* parce qu'elle serait sanglante ; nous ferions des vœux pour le succès de vos armes sacrées, mais *nous ne verrions qu'avec tremblement les terribles exécutions* dont le dieu des vengeances vous ferait l'instrument redoutable ; enfin nous mêlerions nos voix aux acclamations publiques sur vos victoires, et *nous gémirions en secret sur un triomphe qui,* avec la défaite des ennemis de l'Eglise, *envelopperait la perte de nos frères.* »

Dans les matières de dévotion, Racine se montrait ce que nous l'avons vu ailleurs, naturel et vrai, sans raffinement, sans emphase et sans phrase.

Piété sincère, sentiment du devoir, goût de la règle, bonté active, solidité et sûreté, conscience, simplicité, voilà bien Racine.

Et pourtant regardons encore. Voici un tout autre homme, celui du roman de La Fontaine, des *Plaideurs*, des soupers de la Champmeslé, de la cour, d'*Andromaque* et des pamphlets. Ce Racine-là est un artiste bien moderne, aux sensations affinées, à l'imagination capricieuse, puissante et brusque. C'est un homme de premier mouvement, tout à l'impression actuelle, aussi prompt à pleurer qu'à rire, à s'irriter qu'à s'apaiser, à s'inquiéter qu'à chanter victoire.

Il ne ressent rien à moitié. A Auteuil, chez Boileau, on vient à parler d'*OEdipe-Roi* : Racine tout à coup prend un Sophocle, le lit à voix haute, le traduit, le commente, avec un tel emportement d'enthousiasme que tous les assistants le regardent avec stupeur, immobiles, fascinés et comme domptés. Une autre fois, chez M. de Seignelay, c'est en lisant les Psaumes que Racine est pris de ce vertige d'admiration. On sait qu'il composait souvent ses tragédies en se promenant. Un jour, aux Tuileries, il songeait à son *Mithridate*, il allait devant lui, l'œil hagard ; soudain on lui barre le chemin ; les jardiniers l'avaient suivi ; on l'écoutait, on observait tous ses mouvements : on l'avait pris pour un fou.

Il perd courage comme il s'enthousiasme, par accès. Il quitte le théâtre après *Phèdre*, il se désespère après *Athalie*. Il est à la merci d'un tempérament inquiet et nerveux.

Il aime le monde, la cour, et y réussit ; il a une belle figure qui rappelle celle du roi. Dans la conversation, il a tant d'esprit, de bonne grâce, que tous le recherchent, que Louis XIV, Mme de Maintenon et Colbert l'envoient chercher pour causer. Du courtisan il a toutes les câlineries, les petites habiletés. Il en a même les petites vanités ; il se tourmente parce que, dans les armoiries de sa famille, il trouve un *rat* à côté d'un *cygne*, et il écrit : « J'aurais seulement gardé le cygne, *parce que le rat me choquait* ; je voudrais bien que ce fût un sanglier ou la hure d'un sanglier qui fût à la place de ce vilain rat. » (Lettre à Mme Rivière, 16 janvier 1697.)

Chose étrange, ce fin courtisan, ce causeur, est sujet à des accès de timidité : souvent il tremble devant le roi ; il n'est pas toujours rassuré dans les camps où le mène son métier d'historiographe ; il a peur d'une égratignure, et, le jour de sa réception à l'Académie, il « gâte son discours par la trop grande timidité » (1). Il trahit même une certaine mollesse de caractère : il ne peut se passer d'un mentor, l'abbé Le Vasseur, après ses maîtres de Port-Royal, puis Chapelain et Perrault, puis Molière, enfin Boileau ; il se laisse quelque temps pousser vers l'Eglise, sans vocation ; il se laisse marier sans beaucoup de conviction ; après sa résolution de retraite, il se laisse séduire par la cour, en est même un peu ébloui ; à peine a-t-il dit adieu au théâtre, qu'il consent à écrire pour Mme de Montespan l'opéra de *Phaéton*.

Avec cette docilité, il montre l'amour-propre le plus chatouilleux, supporte avec impatience la moindre

---

(1) D'Olivet, *Histoire de l'Académie française* (édition Livet, tome II, p. 345).

critique, riposte avec aigreur, sacrifie l'amitié de Molière à l'orgueil de se voir un peu mieux joué, ne pardonne rien à Corneille. Il manie comme personne l'épigramme et la raillerie; il crible de traits acérés Port-Royal et les juges, Fénelon après Fontenelle ou Pradon; il donne à ses préfaces le ton d'une satire; même après sa conversion, il continue de railler à l'Académie et dans sa correspondance; il serait méchant, si Boileau ne le retenait.

Mais ce qu'il y a de plus étonnant en Racine, c'est sa prodigieuse souplesse. Elève docile à Port-Royal, bel esprit à l'hôtel de Luynes, théologien à Uzès, il se retrouve à Paris mondain et auteur à la mode, puis, à la fois, courtisan et bon bourgeois, solitaire et diplomate. Drame, histoire, comédie, poésie lyrique, épigramme, lettres familières, cantiques, mémoires d'érudition, éloquence académique, pamphlet, il touche à presque tous les genres et il excelle en tous. Il est merveilleux que cette souplesse, cette sensibilité nerveuse, n'aient jamais compromis la solidité du fond.

Trois ans avant la mort de Racine, un Jésuite, régent de troisième au collège Louis-le-Grand, avait, dans une harangue solennelle, examiné cette double question : « Racine est-il chrétien ? est-il poète ? » Et le bon Jésuite avait conclu hardiment pour la négative (1).

Racine était si bien poète et si bon chrétien que sa vie et son caractère se résument justement en cette lutte intime du chrétien et du poète. Enfant chéri de Port-Royal, avec ses anciens maîtres il rompt et se réconcilie par un éclat. Il était bon, et mérita presque de passer pour méchant : parmi les gens de lettres de sa génération, personne n'a eu tant d'ennemis. L'élève sérieux de M. Hamon devient l'ordonnateur des petites fêtes de la Champmeslé, puis un excellent père de famille, même un peu sévère. Simple dans sa vie, tout à ses devoirs domestiques, il ne peut se passer de la cour

---

(1) Voyez à ce sujet une lettre de Racine à Boileau, 4 avril 1696.

et souffre d'un regard un peu froid du maître. Poète de la passion déchaînée, évocateur hardi des possédés de l'amour, il compose les *Plaideurs* après *Andromaque*, *Esther* après *Phèdre*; il raconte en véritable historien les campagnes du Roi et fait figure de savant à l'Académie des Inscriptions. Dernier contraste, et le plus saisissant : il a renoncé au théâtre, et sans aucune arrière-pensée; et c'est alors que, sans manquer à sa parole, il trouve moyen d'écrire son chef-d'œuvre dramatique. C'est qu'après bien des crises douloureuses, les deux instincts qui se partageaient l'âme de Racine s'étaient mis d'accord, par un singulier compromis : l'homme de lettres, mondain et profane, était entré au service du chrétien. Et de cette collaboration étaient sorties les œuvres les plus parfaites, les *Cantiques spirituels*, l'*Histoire de Port-Royal* et *Athalie*.

CHAPITRE II.

LE SYSTÊME DRAMATIQUE.

I

LA BATAILLE DRAMATIQUE. — AMIS ET ENNEMIS.

Ce caractère et ce tour d'esprit assuraient à Racine de solides amitiés et des protecteurs à la cour, mais aussi beaucoup d'inimitiés. Le nombre de ses amis et de ses ennemis s'accrut encore, et surtout, des enthousiasmes et des colères que soulevaient les nouveautés de son théâtre.

A l'époque de ses débuts, Racine s'était étroitement lié avec quelques-uns des gens de lettres les plus célèbres de sa génération, d'abord La Fontaine, puis Molière, Boileau et Chapelle. Ce sont les habitués du *Mouton blanc* et des dîners d'Auteuil. Nous les retrouvons plus tard, avec Charles de Sévigné et quelques seigneurs de la cour, aux soupers de la Champmeslé, « des soupers délicieux, c'est-à-dire des diableries (1) ». Mais Molière manque alors à l'appel, Molière fatigué, malade, d'ailleurs à demi brouillé avec l'auteur d'*Alexandre*. Plus tard, Racine est en relations amicales

(1) *Lettre* de Mme de Sévigné à Mme de Grignan, 1er avril 1671.

avec Bossuet, Nicole et Arnauld, La Bruyère, Valincour, le voyageur Bernier, les Pères Bourdaloue, Bouhours et Rapin. Mais, pour Racine, l'ami de toute la vie, le confident des ambitions et des mécomptes, le conseiller intime, ce fut Boileau. Dans l'automne de 1663, l'abbé Le Vasseur, se trouvant à Crône près de Villeneuve-Saint-Georges, où la famille de Boileau possédait une maison, avait montré au satirique un ouvrage de Racine, soit, comme on l'a dit, l'*Ode de la Renommée*, soit plutôt le manuscrit de la *Thébaïde*. Boileau y avait reconnu des promesses de talent et avait seulement joint aux compliments quelques observations de détail. Peu de jours après, Racine écrivait : « Je suis fort obligé à l'auteur des *Remarques* et je l'estime infiniment. Je ne sais s'il ne me sera point permis quelque jour de le connaître » (1). L'abbé Le Vasseur se chargea de les présenter l'un à l'autre. Ce fut le point de départ de cette étroite et féconde amitié qui fait tant d'honneur à tous deux. Dans le monde des lettres, à la cour, à l'Académie, on ne séparait guère leurs deux noms. On les louait, on les honorait, on les attaquait ensemble :

Si Boileau de Racine embrasse l'intérêt,
A défendre Boileau Racine est toujours prêt (2).

Ce qui liait si fortement les deux poètes, ce n'était pas seulement une très vive sympathie et l'estime réciproque, c'était encore la communauté des idées littéraires. Très vite Boileau avait pris sur l'esprit mobile et inquiet de Racine un grand ascendant. Il le mettait en garde contre certaines tendances de son imagination comme de son caractère. Il l'arrêtait dans sa campagne contre Nicole, le réconciliait avec Port-Royal, l'appuyait à la cour, le soutenait après *Phèdre* et *Athalie*. En tout, il le maintenait dans le bon chemin, l'aidait à

(1) *Lettre* à Le Vasseur, décembre 1663.
(2) Pradon, *Epître à Alcandre*.

préférer toujours au brillant le solide et le vrai. Il n'exagérait guère quand il disait dans sa retraite d'Auteuil, après la mort de son ami : « Racine n'était qu'un *très bel esprit*, à qui j'ai appris à faire difficilement des vers faciles ». L'influence du satirique, comme celle de Molière, se trahit dans l'idée que l'auteur d'*Andromaque* s'est faite du théâtre. C'est dans ses conversations avec Boileau que Racine a précisé son idéal dramatique.

Après les amis de lettres, voici, à la cour, des protecteurs : d'abord le duc de Chevreuse, presque un camarade pour Racine qui l'avait connu à Port-Royal et qui lui dédia son *Britannicus ;* les deux ducs de Saint-Aignan, le père et le fils, dont l'un, le père, avait reçu la dédicace de la *Thébaïde* et présenté l'auteur à Louis XIV ; puis divers gens de cour, le marquis de Dangeau, les maréchaux de Vivonne et de Tallard, Guilleragues l'ambassadeur, le président de Lamoignon, le chevalier de Nantouillet, qui donna l'idée de *Bajazet*, surtout Rose, secrétaire du cabinet du roi, et le marquis de Cavoie, qui furent pour le poète de vrais amis. Racine pouvait compter aussi sur quelques-uns des premiers personnages de la cour : le grand Condé et son fils ; Colbert, à qui le poète fut présenté par ses deux gendres les ducs de Chevreuse et de Saint-Aignan, et à qui il dédia *Bérénice* ; le marquis de Seignelay, fils de Colbert, qui commanda pour une fête de Sceaux l'*Idylle de la Paix*. Le roi même, qui avait accepté la dédicace d'*Alexandre*, se fit le protecteur de Racine, lui accorda des pensions et diverses charges de cour, lui témoigna une sorte de prédilection parmi les grands poètes de l'époque, et souvent, des *Plaideurs* à *Esther*, donna le signal des applaudissements.

Enfin Racine avait pour lui presque toutes les grandes dames. Les princesses et les favorites donnaient l'exemple : la duchesse d'Orléans, en se faisant lire, avant la représentation, *Andromaque*, qui lui fut dédiée, puis en proposant le sujet de *Bérénice* ; Mme de Montespan, en désignant Racine au choix du roi pour les fonctions d'historiographe ; Mme de Maintenon, en lui commandant des pièces pour Saint-Cyr. Il devint le poète des dames de la cour. Elles le défendaient avec passion contre les critiques : à cause de lui, Mme de Coulanges querellait Mme de Sévigné, et, à Londres, la duchesse de Mazarin soutenait des discussions sans fin contre Saint-Evremond.

Voilà, semble-t-il, un imposant bataillon de protecteurs et d'amis. Ce n'était pas trop, c'était à peine assez pour se défendre. Jamais homme de lettres ne traîna derrière lui tant d'inimitiés (1). Au premier rang des adversaires nous trouvons naturellement beaucoup de confrères, les rivaux de théâtre, l'abbé Boyer, qui pendant soixante ans écrivit des tragédies, jamais las, toujours content de lui, toujours ingénieux à s'expliquer ses mésaventures :

> Vendredi la pluie en est cause,
> Et Dimanche c'est le beau temps ;

Le Clerc et Pradon, plagiaires sans vergogne, qui prétendaient surpasser Racine en le copiant ; Boursault, un homme d'esprit, qui ne sut point trouver sa voie, et qui eut le malheur de vouloir faire la leçon à Molière, Racine et Boileau ; Quinault, qui, trois ans après *Andromaque*, eut le bon goût de renoncer à la tragédie et se consola en créant le livret d'opéra ; Benserade et Segrais, qui jamais ne désarmèrent et firent à Racine la guerre de salons. Aux poètes se joignaient des critiques de profession ou d'occasion : Subligny, un avocat au Parlement, qui avait rédigé une gazette en vers, célèbre par ses palinodies ; l'abbé de Villars, et un ami de Port-Royal, Barbier d'Aucour, auteur d'une des réponses à Racine dans l'affaire des *Visionnaires* ; Furetière, Tallemant, Perrault et le journaliste Donneau de Visé. Même des gens du monde, que n'excitait pourtant aucune

---

(1) Voyez Deltour, *Les ennemis de Racine au XVIIe siècle.*

rivalité de métier, montrèrent toujours contre Racine un parti pris d'hostilité : d'abord tout ce qui restait de l'ancienne société, de la Fronde et de l'hôtel de Rambouillet, l'entourage de Mademoiselle, de Mme de Longueville, de M. de Montausier ; puis les amis de l'autoritaire duchesse de Bouillon, et le cercle du Temple, d'où partirent tant de chansons et d'épigrammes.

Grands seigneurs ou gens de lettres, tous ces ennemis de Racine se rencontraient presque chaque jour en divers salons, où il était de bon goût de médire du poète : chez Ménage ou chez Mlle de Montpensier ; à l'hôtel de Longueville ; chez Mmes de Scudéri et de Pelissari ; chez Mme Deshoulières, surtout à l'hôtel de Bouillon, d'où sortit la cabale contre *Phèdre*. Cette coterie puissante disposait des journaux littéraires de l'époque : de 1665 à 1678, la *Gazette rimée* de Robinet ; surtout le *Mercure galant*, qui fut fondé en 1672 par Donneau de Visé, et où tous les collaborateurs, Robinet, Thomas Corneille, Mme Deshoulières, Fontenelle, venaient tour à tour attaquer ou railler Racine. Enfin tout ce parti régnait presque sans conteste à l'Académie française : quand l'auteur d'*Andromaque*, à force de chefs-d'œuvre, y eut conquis sa place, il y trouva devant lui une majorité hostile. Et pour bien comprendre la vivacité des interminables discussions sur les anciens et les modernes, il faut y voir surtout une machine de guerre contre Racine et Boileau, grands admirateurs et imitateurs des anciens.

La tactique ordinaire et le mot d'ordre était d'écraser Racine sous la gloire de Corneille. C'est ce qui envenima peu à peu les rapports des deux poètes. Racine avait commencé par témoigner à l'auteur du *Cid* la déférence d'un débutant pour un maître. Il lui avait porté le manuscrit de son *Alexandre*. Le vieux poète fit des compliments au jeune homme, lui reconnut un grand talent pour la poésie, mais lui déclara très franchement, et très sincèrement, que le théâtre n'était point son fait : cela voulait dire simplement que les deux écrivains ne se faisaient pas la même idée du drame. Racine passa outre, et il eut raison, puisque bientôt commença la série de ses chefs-d'œuvre. Le grand tort, ou la grande erreur de Corneille vieilli, aigri par la malechance, fut de s'obstiner pendant dix ans à une lutte désormais impossible. Aussi chaque triomphe de son jeune rival devint-il un échec pour sa vieille gloire : déjà *Othon*, en 1664, n'avait pu tenir contre la *Thébaïde* ; *Agésilas* en 1666, *Attila* en 1667, *Tite et Bérénice* en 1670, *Pulchérie* en 1672, *Suréna* en 1674, disparurent dans l'ombre d'*Alexandre*, d'*Andromaque*, de *Bérénice*, de *Bajazet*, d'*Iphigénie*. Le pauvre grand homme, se sentant vaincu, en fut réduit à guetter les défaillances du jeune poète qui prenait sa place. Dans ses lettres, dans ses conversations, il laissait échapper des mots amers. A la représentation des pièces de Racine, il disait tout haut ce qu'il en pensait. A l'Académie il déclarait, à propos d'une tragédie de Pradon : « Il ne manque à cette pièce que le nom de M. Racine pour être achevée ». Tout cela se savait, se répétait, se grossissait à mesure, amenait des rancunes et des représailles. Evidemment Racine portait trop de vivacité dans la riposte ; il avait le tort de parodier, dans les *Plaideurs*, des vers du *Cid*, et de glisser dans ses *Préfaces* tant d'allusions transparentes ; mais il devait réparer cela au lendemain de la mort de Corneille, par l'éloge enthousiaste qu'il prononça en pleine Académie. Les vrais coupables, c'étaient les ennemis de Racine, qui exploitaient contre lui le moindre mot de Corneille. Sans cesse ils opposaient malignement l'un à l'autre les deux poètes. Le plus acharné dans cette campagne fut un neveu de Corneille. Collaborateur du *Mercure galant*, partisan résolu des modernes, auteur sifflé de l'*Aspar*, Fontenelle était un adversaire d'autant plus dangereux qu'il devait mourir centenaire. Pendant quatre-vingts ans, il ne cessa de traquer Racine et ses œuvres, toujours avec la même tactique, qui servait à la fois sa rancune personnelle et l'honneur de sa famille : toujours le parallèle avec

Corneille. Saint-Evremond et Mme de Sévigné ne s'y prenaient pas autrement dans leur petite guerre contre Racine; mais, en gens du monde et en gens de goût, ils y portaient beaucoup plus de mesure et de tact, avec un désir presque sincère d'être justes pour le rival de leur vieil ami Corneille.

Les ennemis de Racine formaient donc un parti redoutable, habile à l'occasion, remuant surtout, et toujours aux aguets, contre lequel sans doute le poète se fût malaisément défendu, s'il n'avait eu pour le soutenir l'amitié à toute épreuve de quelques auteurs illustres, la faveur de plusieurs ministres et de la jeune cour, surtout la haute protection du roi. Cette carrière dramatique, qui de loin, à en juger par la valeur des œuvres, peut sembler un long triomphe, a été surtout un long combat. Depuis sa *Thébaïde* jusqu'à son *Athalie*, rien n'a été épargné au poète, ni les critiques de parti-pris, ni les injustices, ni les railleries, ni les parodies, ni les interprétations malveillantes, ni même les injures les plus grossières et les menaces. Sensible comme il l'était et prompt à la riposte, Racine souffrit cruellement; mais jusqu'à sa *Phèdre* il accepta bravement le combat! Aux critiques que soulevait en sa nouveauté chacune de ses pièces, il répondait par une préface, par une épigramme, par un autre chef-d'œuvre. Mais il avait beau avoir raison : il mettait dans sa riposte tant de malice et de justesse, qu'il exaspérait ses ennemis et qu'à l'œuvre suivante la bataille recommençait.

Dès le premier jour où il travailla pour le théâtre, Racine eut à se mettre sur ses gardes. Déjà dans la dédicace de la *Thébaïde*, il faisait allusion à des critiques malveillants, ceux-là sans doute qui lui avaient reproché d'avoir en plusieurs scènes copié Rotrou. Le succès d'*Alexandre* donna le signal de la petite guerre. Les amis de Corneille commençaient à s'inquiéter. Ils découvrirent bien des défauts dans la pièce nouvelle : l'antiquité y était défigurée; Alexandre y était trop amoureux au goût des uns, trop froid pour d'autres, en tout cas bien pâle en face de Porus. Saint-Evremond résuma toutes ces critiques dans une *Dissertation* en règle. Un mauvais plaisant s'amusa même à insérer des railleries sur l'*Alexandre* dans un opuscule de Boileau, le *Dialogue des héros de roman*, qui, avant d'être imprimé, passait de main en main. Racine répliqua par une préface très vive :

« J'avoue que, quelque défiance que j'eusse de moi-même, je n'ai pu m'empêcher de concevoir quelque opinion de ma tragédie, quand j'ai vu la peine que se sont donnée certaines gens pour la décrier. On ne fait point tant de brigues contre un ouvrage qu'on n'estime pas ; on se contente de ne plus le voir quand on l'a vu une fois, et on le laisse tomber de lui-même, sans daigner seulement contribuer à sa chute. Cependant j'ai eu le plaisir de voir plus de six fois de suite à ma pièce le visage de ces censeurs ; ils n'ont pas craint de s'exposer si souvent à entendre une chose qui leur déplaisait ; ils ont prodigué libéralement leur temps et leurs peines pour la venir critiquer, sans compter les chagrins que leur ont peut-être coûtés les applaudissements que leur présence n'a pas empêché le public de me donner. »

Andromaque parut, et fit tant de bruit, et fut si hautement louée par la duchesse d'Orléans et le roi, qu'un instant les ennemis de Racine en furent comme étourdis. Pour faire preuve de bon goût, il fallut admirer, applaudir même. Bientôt pourtant, l'on trouva prétexte à railler le long veuvage d'Andromaque, les emportements de Pyrrhus et son manque de foi, ou ses discours galants, et l'étrange conduite d'Oreste l'ambassadeur. Saint-Evremond, écrivant à M. de Lionne, ne craignait pas de comparer *Andromaque et Attila*. En mai 1668, Subligny faisait jouer par la troupe de Molière une parodie en trois actes, *La Folle querelle*. Les railleurs trouvèrent à qui parler. Racine répondit par une préface dédaigneuse, surtout par de mordantes épigrammes, où il malmena fort deux malheureux gens de cour.

Voici pour le comte d'Olonne et le duc de Créqui :

> La vraisemblance est choquée en ta pièce,
> Si l'on en croit et d'Olonne et Créqui :
> Créqui dit que Pyrrhus aime trop sa maîtresse ;
> D'Olonne, qu'Andromaque aime trop son mari (1)

Voici maintenant pour Créqui tout seul :

> Créqui prétend qu'Oreste est un pauvre homme
> Qui soutient mal le rang d'ambassadeur ;
> Et Créqui de ce rang connaît bien la splendeur :
> Si quelqu'un l'entend mieux, je l'irai dire à Rome (2).

Les adversaire de Racine se crurent vengés par l'échec des *Plaideurs*. En vain Molière avait dit : « Ceux qui se moquent de cette comédie mériteraient qu'on se moquât d'eux ». La pièce tomba, et fut retirée de la scène après la seconde représentation. Dans le monde de la justice on se fâcha, on parla même de poursuites contre l'auteur ; un soir, dans le quartier où il demeurait, le bruit se répandit qu'on allait l'arrêter. Mais, un mois plus tard, Louis XIV voulut voir les *Plaideurs* à Versailles. Le roi sourit, toute la cour éclata de rire ; et bientôt, à l'hôtel de Bourgogne, tout Paris fit comme la cour. Racine eut beau jeu dans sa préface :

« La plupart du monde ne se soucie point de l'intention ni de la diligence des auteurs. On examina d'abord mon amusement comme on aurait fait une tragédie. Ceux mêmes qui s'y étaient le plus divertis eurent peur de n'avoir pas ri dans les règles, et trouvèrent mauvais que je n'eusse pas songé plus sérieusement à les faire rire. Quelques autres s'imaginèrent qu'il était bienséant à eux de s'y ennuyer, et que les matières de Palais ne pouvaient pas être un sujet de divertissement pour les gens de cour. La pièce fut bientôt après jouée à Versailles. On ne fit point de scrupule de s'y réjouir ; et ceux qui avaient cru se déshonorer de rire à Paris furent peut-être obligés de rire à Versailles pour se faire honneur. »

---

(1) On lit dans le *Bolœana* : « Le plaisant de l'épigramme, c'est que le (duc) de Créqui n'avait pas la réputation d'aimer trop les femmes ; et quant à M. d'Olonne, il n'avait pas lieu de se plaindre d'être trop aimé de la sienne. »

(2) Le duc de Créqui, cinq ans auparavant, n'avait pas trop réussi dans son ambassade à Rome. On l'accusait d'avoir par ses hauteurs provoqué les outrages qui le forcèrent de quitter Rome.

Quand il donna son *Britannicus*, Racine crut avoir écrit son chef-d'œuvre. Boileau lui disait : « Vous n'avez rien fait de plus fort. » L'auteur s'attendait à un grand succès ; il recueillit surtout des critiques :

« De tous les ouvrages que j'ai donnés au public, il n'y en a point qui m'ait attiré plus d'applaudissements ni plus de censeurs que celui-ci. Quelque soin que j'aie pris pour travailler cette tragédie, il semble qu'autant que je me suis efforcé de la rendre bonne, autant de certaines gens se sont efforcés de la décrier : il n'y a point de cabale qu'ils n'aient faite, point de critique dont ils ne se soient avisés. »

Robinet, qui avait composé, lui aussi, un *Britannicus*, blâma la froideur des caractères et découvrit des maladresses dans la conduite de l'action. Saint-Evremond écrivit à M. de Lionne qu'il trouvait le sujet horrible et les personnages odieux. Boursault, dans l'introduction de son roman *Artémise et Poliante*, glissa une description très satirique de la première représentation de *Britannicus*. Dans sa préface, qui est un très solide morceau de critique, Racine discuta sérieusement toutes les objections. Il aurait dû s'en tenir là. Mais il ne se gêna pas pour railler la sotte présomption de ses contradicteurs :

« ... Il n'y a rien de plus injuste qu'un ignorant : il croit toujours que l'admiration est le partage des gens qui ne savent rien ; il condamne toute une pièce pour une scène qu'il n'approuve pas ; il s'attaque même aux endroits les plus éclatants, pour faire croire qu'il a de l'esprit ; et pour peu que nous résistions à ses sentiments, il nous traite de présomptueux qui ne veulent croire personne, et ne songe pas qu'il tire quelquefois plus de vanité d'une critique fort mauvaise, que nous n'en tirons d'une assez bonne pièce de théâtre. »

Racine crut même devoir se venger de Corneille, qui, pendant la représentation, avait signalé quelques anachronismes. Il se moqua cruellement des dernières pièces du vieux poète et de ses procédés dramatiques :

« Il faudrait, par exemple, représenter quelque héros ivre, qui se voudrait faire haïr de sa maîtresse, de gaieté de cœur, un Lacédémonien grand parleur, un conquérant qui ne débiterait que des maximes d'amour, une femme qui donnerait des leçons de fierté à des conquérants : voilà sans doute de quoi faire récrier tous ces messieurs. »

Racine osa même écrire ces lignes méchantes :

« Je prie seulement le lecteur de me pardonner cette petite préface, que j'ai faite pour lui rendre raison de ma tragédie. Il n'y a rien de plus naturel que de se défendre quand on se croit injustement attaqué. Je vois que Térence même semble n'avoir fait des prologues que pour se justifier contre les critiques d'un vieux poète malintentionné, *malevoli veteris poetæ*, et qui venait briguer des voix contre lui jusqu'aux heures où l'on représentait ses comédies. »

Par ses offensantes personnalités, Racine allait fournir de nouvelles armes à ses ennemis. On se donna le mot pour louer son style, mais pour contester tout le reste, la conduite du drame, l'étude de la passion, l'exactitude historique.

Cette tactique nouvelle se montra bien à l'apparition de *Bérénice*. Robinet, qui dans ses comptes-rendus rimés portait aux nues la pièce de Corneille sur le même sujet, n'approuvait dans celle de Racine que les vers et le jeu des acteurs. L'abbé de Villars entreprit de démontrer que les règles n'y étaient observées ni dans l'exposition, ni dans l'intrigue, ni dans le développement des caractères. On ne se gênait guère pour déclarer la pièce ennuyeuse et monotone, et l'on répétait la plaisanterie de Chapelle sur la maîtresse de Titus :

> Marion pleure, Marion crie,
> Marion veut qu'on la marie.

On dit tant de mal de la pauvre Bérénice qu'elle trouva un défenseur, Subligny, qui avait parodié *Andromaque*, et qui cette fois, pour se distinguer, fut réduit à louer. Mais Racine pensa qu'il se défendrait mieux lui-même. Dans sa préface, il le prit de haut avec les amateurs et les ignorants qui prétendaient critiquer au nom des règles. Surtout il s'acharna contre le malheureux abbé de Villars.

« ... Voilà tout ce que j'ai à dire à ces personnes à qui je ferai toujours gloire de plaire ; car pour le libelle que l'on a fait contre moi, je crois que les lecteurs me dispenseront volontiers d'y répondre. Et que répondrais-je à un homme qui ne pense rien et qui ne sait pas même construire ce qu'il pense ? Il parle de protase comme s'il entendait ce mot, et veut que cette première des quatre parties de la tragédie soit toujours la plus proche de la dernière, qui est la catastrophe. Il se plaint que la trop grande connaissance des règles l'empêche de se divertir à la comédie. Certainement, si l'on en juge par sa dissertation, il n'y eut jamais de plainte plus mal fondée. Il paraît bien qu'il n'a jamais lu Sophocle, qu'il loue très injustement *d'une grande multiplicité d'incidents;* et qu'il n'a même jamais rien lu de la Poétique, que dans quelques préfaces de tragédies. Mais je lui pardonne de ne pas savoir les règles du théâtre, puisque, heureusement pour le public, il ne s'applique pas à ce genre d'écrire. Ce que je ne lui pardonne pas, c'est de savoir si peu les règles de la bonne plaisanterie, lui qui ne veut pas dire un mot sans plaisanter. Croit-il réjouir beaucoup les honnêtes gens par ces *hélas de poche,* ces *mesdemoiselles mes règles,* et quantité d'autres basses affectations qu'il trouvera condamnées dans tous les bons auteurs, s'il se mêle jamais de les lire ?

« Toutes ces critiques sont le partage de quatre ou cinq petits auteurs infortunés, qui n'ont jamais pu par eux-mêmes exciter la curiosité du public. Ils attendent toujours l'occasion de quelque ouvrage qui réussisse, pour l'attaquer, non point par jalousie, car sur quel fondement seraient-ils jaloux ? mais dans l'espérance qu'on se donnera la peine de leur répondre, et qu'on les tirera de l'obscurité où leurs propres ouvrages les auraient laissés toute leur vie. »

Bajazet, Mithridate et *Iphigénie* furent d'éclatants triomphes. Racine est alors en pleine possession de sa gloire, et ses ennemis semblent tout prêts de renoncer à la lutte. Par habitude, ils continuent de lui adresser les mêmes reproches sur l'intrigue de ses pièces, sur les caractères et le rôle de la passion. Ils le chicanent surtout à propos de la vérité historique, et s'appuient à l'occasion sur l'autorité de Corneille :

« Etant une fois près de Corneille à une représentation de *Bajazet*, il me dit : « Je me garderais bien de le dire à d'autres que vous, parce qu'on dirait que j'en parlerais par jalousie ; mais prenez-y garde, il n'y a pas un seul personnage dans le *Bajazet* qui ait les sentiments qu'il doit avoir et que l'on a à Constantinople ; ils ont tous, sous un habit turc, le sentiment qu'on a au milieu de la France. » (*Segraisiana*.)

Mais il est visible que de part et d'autre on n'apporte plus dans la discussion le même entrain. On observe alors un changement très curieux dans le ton des préfaces de Racine ; plus de polémique, plus d'allusions malignes ; l'auteur se contente d'exposer le sujet, d'indiquer ses sources ; il ne se fâche qu'une fois, et pour défendre l'*Alceste* d'Euripide contre un ignorant. Evidemment Racine ne daigne plus accepter la bataille. Il ne s'inquiète plus guère de la critique : à force de victoires, il croit l'avoir découragée, réduite au silence.

Pourtant ce n'était là qu'une apparence. Ses ennemis ne désarmaient pas. Quand il donna en 1676 l'édition complète de ses neuf tragédies, il vit aussitôt paraître une nouvelle satire, *Apollon vendeur de Mithridate*, où Barbier d'Aucour ne craignait pas de s'attaquer à tout son théâtre. En réalité, on continuait à guetter Racine : seulement l'on se préparait encore une fois à changer de tactique. A chacune de ses tragédies futures, on opposerait une autre pièce qui traiterait le même sujet avec le même titre, et qu'on ferait triompher par tous les moyens.

En mai 1675, cinq mois après l'*Iphigénie* de Racine, le théâtre Guénégaud donnait une autre *Iphigénie*. Cette tragédie, où l'on avait effrontément pillé Rotrou et Racine lui-même, avait pour auteurs Le Clerc et Coras. Malgré tous les efforts de leurs partisans, elle tomba piteusement, et ne fut bientôt plus connue que par l'épigramme de Racine :

> Entre Le Clerc et son ami Coras,
> Tous deux auteurs rimants de compagnie,
> N'a pas longtemps sourdirent grands débats
> Sur le propos de son *Iphigénie*.
> Coras lui dit : « La pièce est de mon cru » ;
> Le Clerc répond : « Elle est mienne et non vôtre. »
> Mais aussitôt que l'ouvrage a paru,
> Plus n'ont voulu l'avoir fait l'un ni l'autre.

Ce fut une déroute complète pour les adversaires de Racine. Pourtant leur plan de campagne n'était pas si mauvais : si leur première tentative avait échoué, la seconde allait réussir.

On savait que Racine travaillait à une nouvelle pièce. Pradon se chargea de faire mieux : par d'indiscrètes communications, il connut d'avance le sujet, le plan, les principales scènes, même des vers de Racine ; il en fit son profit, et se démena si bien qu'il fut prêt en même temps. Le 1er janvier 1677, l'hôtel de Bourgogne avait joué la *Phèdre* de Racine ; le 3 janvier, l'hôtel Guénégaud joua la *Phèdre* de Pradon. Tout le parti s'était mis en mouvement. Pour assurer la défaite de Racine, on voulut ridiculiser sa tragédie. Le soir même de la première représentation, on composait sur la pièce un sonnet satirique, qui le lendemain courut tout Paris. Le sonnet était de Mme Deshoulières. Racine et ses amis crurent reconnaître la main du duc de Nevers, et l'attaquèrent sur les mêmes rimes. Le duc se fâcha, riposta par un sonnet analogue, et parla d'y joindre des coups de bâton. La méprise tournait au tragique : il fallut que le grand Condé couvrît Racine et Boileau de sa protection. C'est alors que Mme de Bouillon, sœur du duc de Nevers, intervint dans la querelle. Elle loua pour six représentations les premières loges des deux théâtres : pendant six soirées, la salle de l'hôtel de Bourgogne sembla vide, tandis que la cabale applaudissait bruyamment le chef-d'œuvre de Pradon. On ne réussit point cependant à donner le change au vrai public, qui peu à peu se mit à applaudir Racine et à siffler l'autre. Pendant ce temps, les critiques, Visé dans le *Mercure*, Subligny dans une *Dissertation*, affectaient l'impartialité et comparaient gravement les deux pièces. Devant ces cabales et cette mauvaise foi, Racine perdit courage : c'était plus que n'avaient espéré ses adversaires. En vain Boileau lui adressait sa belle épître sur l'*Utilité des ennemis* et lui promettait dans l'avenir une éclatante réparation :

> Imite mon exemple : et lorsqu'une cabale,
> Un flot de vains auteurs follement te ravale,
> Profite de leur haine et de leur mauvais sens,
> Ris du bruit passager de leurs cris impuissants.
> Que peut contre tes vers une ignorance vaine ?
> Le Parnasse français, ennobli par ta veine,
> Contre tous ces complots saura te maintenir
> Et soulever pour toi l'équitable avenir.
> Eh ! qui voyant un jour la douleur vertueuse
> De Phèdre malgré soi perfide, incestueuse,
> D'un si noble travail justement étonné,
> Ne bénira d'abord le siècle fortuné
> Qui, rendu plus fameux par tes illustres veilles,
> Vit naître sous ta main ces pompeuses merveilles ?
>
> (*Epître* VII, 71-84.)

Rien n'y fit ; après douze années de luttes, Racine se sentit vaincu, et céda la place.

Même la retraite du poète ne fit point tomber ces colères. Son œuvre restait, sur laquelle on s'acharna. Il la vengea d'ailleurs quatre ans plus tard, aux dépens de l'*Aspar* de Fontenelle :

> Ces jours passés, chez un vieil histrion,
> Grand chroniqueur, s'émut en question
> Quand à Paris commença la méthode
> De ces sifflets qui sont tant à la mode.
> « Ce fut, dit l'un, aux pièces de Boyer. »
> Gens pour Pradon voulurent parier :
> « Non, dit l'acteur, je sais toute l'histoire,
> Que par degrés je vais vous débrouiller :
> Boyer apprit au parterre à bâiller ;
> Quant à Pradon, si j'ai bonne mémoire,

> Pommes sur lui volèrent largement;
> Or, quand sifflets prirent commencement,
> C'est, j'y jouais, j'en suis témoin fidèle,
> C'est à l'*Aspar* du sieur de Fontenelle. »

La guerre continua, aussi vive, mais un peu plus courtoise, à l'Académie cette fois. Bien souvent dans la bagarre des anciens et des modernes, quand on frappa Sophocle ou Homère, on visait Racine. Plus tard, quand il écrivit pour Saint-Cyr, on le punit du succès d'*Esther* en le criblant d'épigrammes, en affectant de reconnaître dans sa tragédie sacrée une foule d'allusions perfides. Aussitôt que Mme de Maintenon fit commencer les répétitions d'*Athalie*, elle reçut, nous dit-on, des lettres anonymes et « mille avis, mille représentations de dévots et de poètes, jaloux de la gloire de Racine ». On réussit ainsi à étouffer ce dernier chef-d'œuvre. Une fois la pièce imprimée, on n'en parla que pour s'en moquer. On affecta de lui préférer d'autres pièces composées pour Saint-Cyr, la *Jephté* ou la *Judith* de Boyer, le *Jonathas* de Duché. On fit même un grand succès à la *Judith* ; mais elle paya pour les autres, car elle sut inspirer à Racine une de ses plus jolies épigrammes.

> A sa *Judith*, Boyer, par aventure,
> Etait assis près d'un riche caissier ;
> Bien aise était ; car le bon financier
> S'attendrissait et pleurait sans mesure.
> « Bon gré vous sais, lui dit le vieux rimeur :
> Le beau vous touche, et n'êtes pas d'humeur
> A vous saisir pour une baliverne. »
> Lors le richard, en larmoyant, lui dit :
> « Je pleure, hélas ! de ce pauvre Holoferne,
> Si méchamment mis à mort par Judith. »

Cette épigramme, comme la *Judith*, est de 1695 : la lutte durait depuis trente ans, presque sans trêve.

Si l'on embrasse d'un coup d'œil cette carrière dramatique si tourmentée, si orageuse, une question se pose aussitôt : Pourquoi tant d'ennemis ? Pourquoi, chez tous, tant d'acharnement ?

Voici les raisons les plus apparentes. D'abord le talent même de Racine et la série de ses triomphes au théâtre, sa situation à la cour, les jalousies aiguës qu'excitaient ses succès d'homme de lettres et de courtisan. Puis son caractère, sensible à l'excès, la vivacité de ses ripostes, la malice de ses épigrammes, le ton agressif de ses préfaces. Puis son étroite liaison avec Boileau : beaucoup de ses ennemis étaient des victimes du satirique.

C'étaient là des motifs bien humains, et de tous les temps. Cependant la raison essentielle n'est pas là. Ce qui explique surtout la persistance des inimitiés et des attaques, c'est la hardiesse du poète de théâtre, son système dramatique. C'est à l'œuvre surtout qu'on en voulait. Aussi est-il intéressant de résumer à grands traits ce qu'on reprochait à Racine.

Ne nous arrêtons point aux critiques de détail, relatives soit au style, soit même à certains caractères. Làdessus les ennemis du poète n'avaient pas toujours tort. La preuve, c'est qu'il a souvent profité de leurs observations, en se corrigeant dans les éditions suivantes de ses tragédies, surtout en évitant les mêmes défauts dans ses œuvres nouvelles. Mais après tout ce n'étaient là que des chicanes.

Ce qui mérite de fixer l'attention, ce sont les critiques générales qui reparaissent à toutes les époques de la vie du poète, à propos de chacune de ses pièces. Toujours, beaucoup de ses contemporains ont blâmé dans son théâtre :

1° L'excessive simplicité de l'action, ce que Segrais appelait « le manque de matière » ;

2° L'habitude de « subordonner l'action aux caractères », comme disait Saint-Evremond ;

3° Le rôle prédominant, et la violence, la brutalité même des passions de l'amour ;

4° L'altération de l'histoire ;

5° Le tour familier du style, qui paraissait souvent bas et trivial, trop semblable à la prose.

Telles étaient les principales objections des ennemis de Racine. Elles prouvent qu'ils n'avaient pas si mal compris son théâtre. Sur un point seulement il n'est guère possible de leur donner raison : on ne peut dire sans beaucoup de restrictions que Racine ait altéré l'histoire ; nous montrerons qu'au contraire il a merveilleusement saisi certains traits de l'ancienne Grèce, de la Rome impériale et de l'Orient. Pour tout le reste, les ennemis de Racine voyaient juste. Seulement, ce qu'ils lui reprochaient, ce qui les déconcertait, c'étaient justement les grandes nouveautés de son système dramatique, et c'en était l'originalité.

II

NOUVEAUTÉS DE LA TRAGÉDIE DE RACINE.

Comme la plupart des novateurs, Racine commença par imiter. Au moment où il écrivit ses premières pièces, deux hommes régnaient au théâtre : Corneille et Quinault.

Corneille, au temps de ses chefs-d'œuvre, avait su donner un éclat incomparable au drame héroïque, toujours dominé chez lui par l'idée du devoir, et tout empreint d'une haute moralité. Mais cette conception de la tragédie avait ses dangers. Le poète était condamné à peindre toujours des personnages choisis hors du commun et mis aux prises avec des événements exceptionnels. Que l'inspiration vienne moins puissante ou moins sûre, et Corneille s'égare à la poursuite d'un idéal inaccessible : il donne alors à ses personnages tant de vertu, tant de raison, qu'il les rend ennuyeux et froids ; il raffine si bien sur l'amour, qu'il tue l'amour ou le subordonne à la politique ; de l'héroïque il tombe dans l'invraisemblable et le romanesque ; il imagine des complications si extraordinaires, que lui-même s'y reconnaît à peine. Un jour vint où le public s'y perdit tout à fait, et l'ingrat se détourna de l'auteur du *Cid*.

Quinault recueillit son héritage. Il commença par où Corneille avait fini : il eut, lui aussi, d'interminables scènes de politique, des vers sentencieux, de trop ingénieuses combinaisons d'incidents. Mais longtemps on lui pardonna tout ; car il aima le fin du fin. Il mit au théâtre les raffinements et les galanteries des précieuses. A tous ses personnages il enseigna les manières et le langage de la *Chambre bleue* ou du *Grand Cyrus*. Plus tard, dans un autre domaine, il devait se montrer poète de talent. En attendant, il n'était qu'un habile homme : mais il enchantait le public, et l'*Astrate* passait pour un chef-d'œuvre.

Corneille et Quinault, voilà quels furent d'abord au théâtre les maîtres de Racine. Il admira l'un, envia l'autre, les imita tous deux. Pour cela il n'eut point alors à violenter ses goûts. Lui-même donnait dans l'emphatique et le bel esprit ; nous le savons par ses premières poésies et ses lettres de jeunesse. Il s'abandonna donc à sa facilité naturelle, et composa des tragédies suivant les recettes du temps.

Dans la *Thébaïde* et dans *Alexandre*, on reconnaît aisément l'influence des deux poètes que Racine avait pris pour modèles. Ces pièces renferment nombre de tirades politiques dans le goût de Corneille, celle-ci par exemple :

> L'intérêt de l'État est de n'avoir qu'un roi,
> Qui, d'un ordre constant gouvernant ses provinces
> Accoutume à ses lois et le peuple et les princes.
> Ce règne interrompu de deux rois différents,
> En lui donnant deux rois, lui donne deux tyrans.
> Par un ordre, souvent l'un à l'autre contraire,
> Un frère détruirait ce qu'aurait fait un frère :
> Vous les verriez toujours former quelque attentat
> Et changer tous les ans la face de l'État.

> Ce terme limité que l'on veut leur prescrire
> Accroît leur violence en bornant leur empire.
> Tous deux feront gémir les peuples tour à tour :
> Pareils à ces torrents qui ne durent qu'un jour,
> Plus leur cours est borné, plus ils font de ravage,
> Et d'horribles dégâts signalent leur passage.
>
> (*Thébaïde*.)

Porus est vraiment un héros cornélien, il en a la fière allure, la grandeur d'âme, et les subtilités, les bravades :

> Que vient chercher ici le roi qui vous envoie ?
> Quel est ce grand secours que son bras nous octroie ?
> De quel front ose-t-il prendre sous son appui
> Des peuples qui n'ont point d'autre ennemi que lui ?...
> Dans son avide orgueil je sais qu'il nous dévore :
> De tant de souverains nous seuls régnons encore.
> Mais, que dis-je, nous seuls ? Il ne reste que moi
> Où l'on découvre encor les vestiges d'un roi.
> Mais c'est pour mon courage une illustre matière.
> Je vois d'un œil content trembler la terre entière,
> Afin que par moi seul les mortels secourus,
> S'ils sont libres, le soient de la main de Porus ;
> Et qu'on dise partout, dans une paix profonde :
> « Alexandre vainqueur eût dompté tout le monde :
> « Mais un roi l'attendait au bout de l'univers,
> « Par qui le monde entier a vu briser ses fers. »
>
> (*Alexandre*.)

Mais ce que Racine alors empruntait surtout à Corneille, c'est ce que Quinault déjà lui avait emprunté, les défauts du vieux poète : le mélange de galanterie et de politique, les froids raisonnements, les amours entre-croisés ou épisodiques. Dans la *Thébaïde*, Créon devient amoureux d'Antigone et veut l'épouser : il n'en fallait pas plus pour affadir la terrible légende thébaine, et détourner l'attention du vrai drame, le duel fratricide d'Étéocle et de Polynice. Dans *Alexandre*, le beau récit de Quinte-Curce est gâté à force d'amourettes ; Racine invente le personnage d'Axiane, qu'aiment à la fois Porus et Taxile ; Axiane excite Porus contre Alexandre, tandis que Cléophile entraîne la trahison de Taxile : la lutte pour l'indépendance de l'Inde disparaît dans ces intrigues amoureuses, qui sembleraient encore plus banales si elles n'étaient si compliquées. Tout cela, c'est encore du Corneille, mais du Corneille de la fin. Et ces combinaisons n'aboutissent guère qu'à des conversations galantes, où s'analyse et se raffine la *tendresse* à la mode, la tendresse apprise à l'école de Quinault. Ce n'est pas qu'on ne trouve de réelles beautés dans la *Thébaïde*, surtout dans *Alexandre* : mais ce sont des beautés de détail, qui annoncent déjà l'élégance et l'harmonie raciniennes, ou bien des beautés d'emprunt dont Corneille a la plus grande part.

Tout change avec *Andromaque*. Ce que révèle ce premier chef-d'œuvre, ce n'est pas seulement un grand poète, c'est encore un nouveau système dramatique, une révolution dans la tragédie.

Depuis quelques années, tous les genres littéraires tendaient à se régler sur une orientation nouvelle. La génération précédente, celle du *Cid* et du *Grand Cyrus*, de l'hôtel de Rambouillet, et du *Roman comique*, avait subi trois influences principales : celles de l'Espagne, de l'Italie, de la tradition gauloise. Emphatiques, précieux ou burlesques, rivaux de Corneille, habitués des ruelles ou amis de Scarron, tous les poètes s'accordaient en un point : c'est qu'il fallait bien se garder de copier la réalité. Ceux-là prétendaient l'embellir ou l'épurer, ceux-ci préféraient la travestir : mais, au fond, tous la défiguraient de parti pris, ou, si l'on veut, la transformaient. Au contraire, la nouvelle école, celle que favorisa Louis XIV, voulut toujours suivre la vérité exacte et nue, la nature en ce qu'elle a de logique, d'univérsel et de durable. En 1661, dans une lettre à Maucroix, La Fontaine expliquait bien cette grande nouveauté :

> Non, jamais il ne fit si bon
> Se trouver à la comédie ;

> Car ne pense pas qu'on y rie
> De maint trait jadis admiré
> Et bon *in illo tempore*.
> Nous avons changé de méthode ;
> Jodelet n'est plus à la mode,
> Et maintenant il ne faut pas
> Quitter la nature d'un pas.

Le retour à la nature, voilà ce que demandait aussi Pascal dans sa définition de l'éloquence, ce que réalisait Bossuet dans ses sermons, Molière dans ses comédies. De cette école Boileau se fit le champion et le théoricien. Racine était très jeune encore et cherchait sa voie à l'époque où Molière donnait ses chefs-d'œuvre. Les deux poètes furent très liés alors : par ses conseils, surtout par son exemple, l'auteur de l'*Ecole des femmes* entraîna le futur auteur d'*Andromaque*. Les conversations avec Boileau achevèrent de convaincre Racine. Il se rallia franchement aux idées et au parti des novateurs. Et sa grande originalité fut de porter dans le drame, avec leur audace, le même souci de la vérité.

Ainsi s'explique tout le système dramatique de Racine. De la tragédie de Corneille ou de Quinault, il gardera les formes extérieures, et il observera scrupuleusement les règles établies. Mais dans ce cadre et dans ces limites il appliquera toute une poétique nouvelle.

D'abord il choisit d'autres modèles. Avant lui, on imitait les Latins, les Italiens, les Espagnols ; lui, il revient aux Grecs, presque entièrement délaissés depuis la Pléiade.

Des Grecs, il apprend à ne point s'embarrasser d'intrigues compliquées, à se préoccuper seulement du jeu des âmes. L'action sera aussi simple que possible. On proscrira tout incident qui ne sera pas indispensable au développement des caractères. Racine lui-même a nettement marqué combien en cela il s'écartait de ses devanciers :

« Que faudrait-il faire pour contenter des juges si difficiles ?

La chose serait aisée, pour peu qu'on voulût trahir le bon sens. Il ne faudrait que s'écarter du naturel pour se jeter dans l'extraordinaire. Au lieu d'une action simple, chargée de peu de matière, telle que doit être une action qui se passe en un seul jour, et qui, s'avançant par degrés vers sa fin, n'est soutenue que par les intérêts, les sentiments et les passions des personnages, il faudrait remplir cette même action de quantité d'incidents qui ne se pourraient passer qu'en un mois, d'un grand nombre de jeux de théâtre d'autant plus surprenants qu'ils seraient moins vraisemblables, d'une infinité de déclamations où l'on ferait dire aux acteurs tout le contraire de ce qu'ils devraient dire. » (Préface de *Britannicus*.)

Dans ce drame uniquement psychologique, une seule chose importe : l'étude de la passion. Si l'on peint l'amour, il faut que l'amour occupe le premier plan, soit l'essentiel de la tragédie. Donc, pas d'amour épisodique. Dès la préface de sa *Thébaïde*, Racine avait proclamé cette règle, en avouant qu'il avait eu tort de ne s'y point assez conformer dans la pièce. C'était tout l'opposé de la théorie adoptée jusque-là. Corneille en fit la remarque dans une lettre qu'il écrivit à Saint-Evremond, à propos d'*Alexandre* (1666) :

« J'ai cru jusqu'ici que l'amour était une passion trop chargée de faiblesse pour être dominante dans une pièce héroïque ; j'aime qu'elle y serve d'ornement et non pas de corps, et que les grandes âmes ne la laissent agir qu'autant qu'elle est compatible avec de plus nobles impressions. Nos doucereux et nos enjoués sont de contraire avis ; mais vous vous déclarez du mien ; n'est-ce pas assez pour vous en être redevable au dernier point ? »

Donc, chez Racine, la passion remplira tout le drame. Et cette passion, le poète la peindra non point telle qu'elle devrait être ou qu'elle a pu être chez quelques individus d'exception, mais telle qu'on l'observe chez le commun des hommes. En cela, Racine est un grand réaliste. Il ne cherche pas à corriger l'humanité, il dit dans la préface d'*Andromaque* :

« ... Encore s'est-il trouvé des gens qui se sont plaints qu'il (Pyrrhus) s'emportât contre Andromaque, et qu'il voulût épouser cette captive à quelque prix que ce fût.

« J'avoue qu'il n'est pas assez résigné à la volonté de sa maîtresse, et que Céladon a mieux connu que lui le parfait amour. Mais que faire? Pyrrhus n'avait pas lu nos romans ; il était violent de son naturel, et tous les héros ne sont pas faits pour être des Céladons.

« Quoi qu'il en soit, le public m'a été trop favorable pour m'embarrasser du chagrin particulier de deux ou trois personnes qui voudraient qu'on réformât tous les héros de l'antiquité pour en faire des héros parfaits. Je trouve leur intention fort bonne de vouloir qu'on ne mette sur la scène que des hommes impeccables ; mais je les prie de se souvenir que ce n'est point à moi de changer les règles du théâtre. »

Racine sait que l'homme est faible et imparfait, il connaît les tourments et les crimes causés par l'amour, et il pousse jusqu'au bout le développement de la passion. C'est par là qu'il a si souvent étonné et révolté beaucoup de ses contemporains, poètes galants, courtisans et grandes dames, qui n'aimaient point à porter dans la passion tant de violence, ou qui, s'ils l'y portaient par hasard, cherchaient du moins à couvrir les dehors et à garder les bienséances.

III

PSYCHOLOGIE DE RACINE. — LES CARACTÈRES.

Un poète qui concevait ainsi le drame devait tirer tous ses effets de l'étude de l'âme humaine. Racine est un merveilleux psychologue. Il a connu avec une précision infiniment délicate et sûre la mécanique des passions (1).

(1) Voyez une curieuse étude de Paul Janet, *La psychologie de Racine*, dans la *Revue des Deux-Mondes* du 15 septembre 1875.

Que sont les personnages de ses tragédies ? Des rois et des reines, des princes et des princesses. Pourtant il n'y a pas de théâtre plus réaliste, plus facilement intelligible à la foule. C'est que chez ces rois, chez ces princes, le poète n'étudie que des passions communes à toutes les classes d'hommes, à tous les pays et à tous les temps. Seulement, dans l'âme de ces privilégiés de la fortune et du rang, qui sont plus affranchis des préoccupations vulgaires de la vie, les sentiments ordinaires se développent plus librement, se dessinent avec plus de relief ; et la peinture en est plus saisissante. Au fond, à quoi se ramènent toutes ces tragédies ? Otez les noms ; oubliez un instant l'histoire, que trouvez-vous ? Un amant qui abandonne sa maîtresse (Bérénice) ; un homme entre deux femmes (Pyrrhus, Bajazet, Hippolyte) ; un père rival de son fils (Mithridate) ; une femme amoureuse de son beau-fils (Phèdre) ; deux frères rivaux (Britannicus et Néron). Tous ces grands drames historiques, de ce point de vue, semblent une simple transposition de scènes bourgeoises ou populaires (1).

Dans le choix des caractères, comme des sujets, Racine est guidé par le souci de la vérité générale. Dans son théâtre, comme dans la vie, on rencontre surtout des passionnés : amoureux, ambitieux ou jaloux. Et, parmi les passions, il peint de préférence la plus commune, celle qui est de toutes les conditions et de tous les âges : l'amour, qui est le ressort principal de ses drames.

L'amour, dans ses formes extérieures, se modifie d'après la mode. Aussi Racine n'a-t-il pu s'empêcher d'introduire parfois dans ses tragédies quelque chose de la galanterie solennelle du temps de Louis XIV. C'est un défaut, évidemment ; mais était-il possible de l'éviter absolument ? En tous cas, il est bien certain que le poète étudie surtout l'amour en ce qu'il a de plus

(1) Voyez Brunetière, *La tragédie de Racine* (*Revue des Deux-Mondes*, 1er mars 1884).

général et d'éternel. Souvent l'expression en est on ne peut plus familière. Voyez comment cette femme parle à son amant qui veut l'abandonner :

> Non, *je n'écoute rien.* Me voilà résolue :
> *Je veux partir.* Pourquoi vous montrer à ma vue ?
> Pourquoi venir encore aigrir mon désespoir ?
> *N'êtes-vous pas content ? Je ne veux plus vous voir.*
> — Mais, de grâce, écoutez. — *Il n'est plus temps.* —
> Un mot. — *Non.*   (*Bérénice.*)
> [Madame,

La passion, chez Racine, est fatale, irrésistible. Il a peut-être été amené à cette conception par l'exemple des grands tragiques athéniens. Mais à la fatalité hellénique, tout extérieure et le plus souvent personnifiée en un dieu, il substitue une sorte de fatalité interne, dont le mystère est dans l'âme humaine et dont l'effet est bien plus dramatique. Les personnages de Racine essaient en vain de lutter contre eux-mêmes. Ils se sentent vaincus d'avance. Ils disent comme Œnone à Phèdre :

> Vous aimez... On ne peut vaincre sa destinée ;

ou comme Pyrrhus à Hermione :

> Je voulus m'obstiner à vous être fidèle ;
> Je vous reçus en reine ; et jusques à ce jour
> J'ai cru que mes serments me tiendraient lieu d'amour.
> Mais cet amour l'emporte ; et, par un coup funeste,
> Andromaque m'arrache un cœur qu'elle déteste :
> L'un par l'autre entraînés, nous courons à l'autel
> Nous jurer malgré nous un amour immortel.

Le poète connaît tous les détours par où une âme, qu'entraîne sa destinée, s'achemine peu à peu ou se précipite à la catastrophe dernière. Et il fait jouer avec une étonnante dextérité toutes les pièces du mécanisme psychologique.

Soit une passion commune, éternelle, universelle : l'amour, la jalousie.

D'abord aucun obstacle n'en arrêtera le progrès. Elle ira grandissant jusqu'à la conséquence suprême, le désespoir, le crime ou la folie.

Elle se fortifiera en s'analysant elle-même. Les personnages de Racine ont souvent une effrayante lucidité. Ils s'observent sans cesse, mais ne s'arrêtent guère à de froids raisonnements. Ils ne voient le danger que pour y courir plus vite. La merveille en ce genre est le rôle de Phèdre, qu'il faudrait citer en entier.

Suivant qu'elle rencontre tel ou tel obstacle, la passion dominante se transforme en divers sentiments. Ainsi l'amour de Roxane pour Bajazet produit d'abord la jalousie, puis la haine. L'amour de Phèdre pour Hippolyte devient successivement mélancolie, honte, remords, désir, espoir, prière, jalousie, terreur, désespoir, regret, colère, indignation : et c'est au suicide qu'aboutissent toutes ces métamorphoses.

Ordinairement il y a lutte contre un autre sentiment. D'où une incertitude pénible et une sorte de fluctuation, qui apparaît surtout dans les conversations avec les confidents ou dans les monologues. On suit toutes les alternatives de cette lutte intime dans les monologues d'Hermione ou de Roxane, de Titus, de Mithridate ou d'Agamemnon.

La passion vient-elle à faiblir ? Il se trouve toujours là quelque autre personnage, un confident, qui la réveille par une sorte de persuasion indirecte, de suggestion. Néron hésitait ; Narcisse le pousse au crime.

A son tour, cette passion agit ou réagit sur l'âme et les actions des autres personnages. Dans la tragédie d'*Andromaque*, les divers incidents, même le développement des autres caractères, tout dépend de la lutte qui se livre dans le cœur d'*Andromaque* entre son amour maternel et son amour conjugal. Les oscillations apparentes de sa volonté déterminent, par contre-coup, toutes les péripéties du drame.

Ainsi, chez Racine, la passion n'est jamais contrariée en son évolution par des événements extérieurs. Même elle s'exaspère devant les obstacles que lui créent les sentiments d'autrui. C'est toujours la psychologie qui mène l'action. Aussi les caractères y sont plus logiques et plus soutenus que dans aucun théâtre. Ils se développent et préparent le dénouement, mais ils restent toujours identiques en leur fond. C'était pour Racine un des principes essentiels de son système dramatique. Il insiste sur ce point dans son *Commentaire de la poétique d'Aristote*.

« En quatrième lieu, il faut qu'elles (les mœurs) soient uniformes ; car, quoique le personnage qu'on représente paraisse quelquefois changer de volonté et de discours, il faut néanmoins *(qu'il soit toujours le même dans le fond, que tout parte d'un même principe et)* qu'il soit inégalement égal et uniforme. »

Evidemment, les mêmes sentiments prennent une forme assez différente suivant la condition, l'âge, le pays, l'époque, les circonstances de toutes sortes ; et cependant les personnages de Racine se ressemblent tous en ce qu'ils sont entièrement dominés par leur passion, que leur destinée, leur vie en dépend.

Cette conception de l'âme humaine a eu pour conséquence, dans ce théâtre, la supériorité des caractères de femmes sur les caractères d'hommes.

Racine a d'admirables rôles d'hommes poussés par une idée fixe : un possédé de l'amour comme Oreste, des ambitieux comme Acomat et Joad, un honnête homme entêté comme Burrhus, des coquins comme Narcisse et Mathan. C'est que tous ces personnages, d'ailleurs presque créés de toutes pièces par le poète, n'existent réellement que pour cette idée fixe. Mais ce sont là des cas exceptionnels. L'homme est d'ordinaire plus complexe : rarement il s'abandonne sans réserve. Néron et Mithridate sont encore de superbes rôles ; la passion emportée était un trait essentiel de leur caractère. Mais cet amour exclusif, nous le comprenons mal en d'autres rôles d'homme. Est-ce la faute de la tradition historique, des souvenirs de l'antiquité, dont nous ne pouvons entièrement nous dégager devant ces créations de Racine ? En partie peut-être. Mais il est évident qu'Achille et Pyrrhus, Hippolyte et Xipharès nous paraissent trop esclaves de leur amour. C'était là l'écueil de ce système dramatique.

Au contraire, presque tous les caractères de femmes sont merveilleux de vérité. C'est que la passion est le tout des femmes, le mobile unique de leurs actions. C'est à elles que convenait principalement la psychologie de Racine. Aussi le poète les a mieux comprises, et d'ordinaire il leur donne le rôle prépondérant. Il est descendu jusqu'au fond des trois grandes passions féminines : l'amour, l'amour maternel, l'ambition. Agrippine et Athalie sont de terribles ambitieuses, toutes deux audacieuses et inquiètes, imprudentes, capables de tout compromettre par dépit ou faiblesse, toutes deux avec les emportements et les ruses, les petitesses ou le cynisme d'une ambition de femme. L'amour maternel, c'est la mélancolique Andromaque, un peu coquette en sa tendresse craintive ; ou Clytemnestre, violente et menaçante, qui ne reculerait point devant le crime pour venger sa fille ; ou Josabeth, la mère adoptive, douce et tremblante, avec une sorte de respect pour l'enfant qui deviendra roi. Voici l'amour maintenant, et d'abord les chastes victimes d'un amour innocent: Junie, qui a donné son cœur par compassion ; Bérénice, une jolie veuve naïve et confiante en dépit de tout, et prête au sacrifice ; Monime, tendre et inquiète, résolue au fond et brave; Iphigénie, longtemps heureuse et insouciante, frappée au cœur dans la joie des fiançailles, et si étonnée d'apprendre les cruautés de la vie qu'elle fait bon visage à la mort. Enfin, c'est l'amour furieux, sensuel et jaloux, vite ensanglanté : Hermione, la fiancée délaissée, impitoyable et franche, capable du meurtre pour se venger de la trahison ; Phèdre, la femme coupable, affaissée sous le remords ; Roxane, la fougueuse sultane, ignorante du repentir, décidée à servir son amant par l'intrigue ou à punir ses dédains avec la cruauté froide du sérail. Mais il faudrait citer presque toutes les femmes de ce théâtre. Dans ces âmes féminines le poète a démêlé tous les ressorts des passions avec une implacable sûreté de coup d'œil.

Ces personnages de Racine sont tout près de nous ; car ils appartiennent à l'humanité moyenne. Ils ne se soucient d'aucun idéal : ils ne valent ni plus ni moins que nous tous. Ils cèdent simplement à leur passion et à la fatalité des circonstances. Ils ne sont en eux-mêmes ni bons, ni méchants, ni parfaits, ni scélérats. C'est le poète qui nous les explique :

« Aristote, bien éloigné de nous demander des héros parfaits, veut au contraire que les personnages tragiques, c'est-à-dire ceux dont le malheur fait la catastrophe de la tragédie, ne soient ni tout à fait bons, ni tout à fait méchants. Il ne veut pas qu'ils soient extrêmement bons, parce que la punition d'un homme de bien exciterait plutôt l'indignation que la pitié du spectateur ; ni qu'ils soient méchants avec excès, parce qu'on n'a point pitié d'un scélérat. Il faut donc qu'ils aient une bonté médiocre, c'est-à-dire une vertu capable de faiblesse, et qu'ils tombent dans le malheur par quelque faute qui les fasse plaindre sans les faire détester. »
(Préface d'*Andromaque*.)

Racine pousse si loin cette préoccupation, qu'il en arrive, à force de logique, à fausser certains caractères ; par exemple, il rendra Hippolyte amoureux :

« Pour ce qui est du personnage d'Hippolyte, j'avais remarqué dans les anciens qu'on reprochait à Euripide de l'avoir représenté comme un philosophe exempt de toute imperfection : ce qui faisait que la mort de ce jeune prince causait beaucoup plus d'indignation que de pitié. *J'ai cru lui devoir donner quelque faiblesse* qui le rendrait un peu coupable envers son père, sans pourtant lui rien ôter de cette grandeur d'âme avec laquelle il épargne l'honneur de Phèdre et se laisse opprimer sans l'accuser. J'appelle faiblesse

la passion qu'il ressent malgré lui pour Aricie, qui est la fille et la sœur des ennemis mortels de son père. »
(Préface de *Phèdre*.)

Boileau songeait évidemment à son ami quand il exposait cette théorie sur les personnages du théâtre :

> Des héros de roman fuyez les petitesses :
> Toutefois *aux grands cœurs donnez quelques faiblesses*.
> Achille déplairait moins bouillant et moins prompt ·
> J'aime à lui voir verser des pleurs pour un affront.
> A ces petits défauts marqués dans sa peinture,
> L'esprit avec plaisir reconnaît *la nature* !...
> (*Art poétique*, III, 103-108.)

L'idée du devoir ne se montre guère dans les tragédies de Racine. Et pourtant ce théâtre a sa moralité.

D'abord le poète est chaste jusque dans ses peintures les plus hardies. C'est bien ce que remarquait Boileau :

> Je ne suis pas pourtant de ces tristes esprits
> Qui, bannissant l'amour de tous chastes écrits,
> D'un si riche ornement veulent priver la scène,
> Traitent *d'empoisonneurs* et Rodrigue et Chimène.
> L'amour le moins honnête, exprimé chastement,
> N'excite point en nous de honteux mouvement...
> (*Art poétique*, IV, 97-102.)

Puis les personnages de Racine ne cessent de lutter contre leur passion ; en y cédant, ils sont torturés de remords. Le poète insiste sur cette idée dans sa préface de *Phèdre* :

« Phèdre n'est ni tout à fait coupable, ni tout à fait innocente ; elle est engagée, par sa destinée et par la colère des dieux, dans une passion illégitime, dont elle a horreur toute la première : elle fait tous ses efforts pour la surmonter : elle aime mieux se laisser mourir que de la déclarer à personne ; et lorsqu'elle est forcée de la découvrir, elle en parle avec une confusion qui fait bien voir que son crime est plutôt une punition des dieux qu'un mouvement de sa volonté. »

Et Boileau en faisait une loi du poème dramatique :

N'allez pas d'un Cyrus nous faire un Artamène ;
Et que l'amour, souvent de *remords* combattu,
Paraisse une faiblesse et non une vertu.

(*Art poétique*, III, 100-102.)

Enfin, chez Racine, la passion entraîne avec elle son propre châtiment :

« Je n'ose encore assurer que cette pièce soit en effet la meilleure de mes tragédies. Je laisse et aux lecteurs et au temps à décider de son véritable prix. Ce que je puis assurer, c'est que je n'en ai point fait où la vertu soit plus mise en jour que dans celle-ci ; les moindres fautes y sont sévèrement punies ; la seule pensée du crime y est regardée avec autant d'horreur que le crime même ; les faiblesses de l'amour y passent pour de vraies faiblesses ; les passions n'y sont présentées aux yeux que pour montrer tout le désordre dont elles sont cause ; et le vice y est peint partout avec des couleurs qui en font connaître et haïr la difformité. C'est là proprement le but que tout homme qui travaille pour le public doit se proposer. »

(Préface de *Phèdre*.)

Partout, châtiment et expiation. La passion fût-elle innocente, on en est puni comme d'un crime : témoin Hippolyte, Bajazet, Britannicus. Quant aux coupables, ils n'échappent jamais. Il est vrai qu'on les plaint plus qu'on ne les hait. Mais par leur malheur ils prouvent le danger et les conséquences fatales de toute faiblesse. Dans cette expiation et dans ce remords est la moralité du théâtre de Racine.

IV

STRUCTURE DU DRAME.

Sa psychologie explique la forme de ses drames. Ce qui domine toute la structure de ses tragédies, c'est le principe de la subordination de l'action aux caractères. C'était en France une grande nouveauté. De là l'étonnement et la malveillance à peine déguisée d'un homme d'esprit et de goût comme Saint-Evremond :

« J'ai soutenu qu'il fallait faire entrer les caractères dans les sujets, et non pas former la constitution des sujets après celle des caractères ; que nos actions devaient précéder nos qualités et nos humeurs ; qu'il fallait remettre à la philosophie de nous faire connaître ce que sont les hommes, et à la comédie de nous faire voir ce qu'ils font ; et qu'enfin ce n'est pas tant la nature qu'il faut expliquer, que la condition humaine qu'il faut représenter sur le théâtre. »

Racine a bien défini lui-même le trait essentiel de sa poétique en commentant Aristote :

« La tragédie est l'imitation d'une action. Or toute action suppose des gens qui agissent, et les gens qui agissent ont nécessairement un caractère (*c'est-à-dire des mœurs et des inclinations qui les font agir*) ; car ce sont les mœurs et l'inclination (*c'est-à-dire la disposition de l'esprit*) qui rendent les actions telles ou telles ; et par conséquent les mœurs et le sentiment (*ou la disposition de l'esprit*) sont les deux principes des actions. »
(Commentaire sur la *Poétique* d'Aristote.)

On voit toutes les conséquences de cette théorie. Nous aurons le moins d'incidents possible, juste ce qu'il en faut pour le développement des caractères, et ce sont les caractères qui entraîneront toute l'intrigue. Nous proscrirons tout épisode inutile, tout hors-d'œuvre :

« On ne peut prendre trop de précaution pour ne rien mettre sur le théâtre qui ne soit très nécessaire ; et les plus belles scènes sont en danger d'ennuyer, du moment qu'on les peut séparer de l'action, et qu'elles l'interrompent, au lieu de la conduire à sa fin. »

(Préface de *Mithridate*.)

Nous n'aurons que des situations naturelles, analogues à celles de la vie ordinaire. Tout sera vraisemblable :

« Et il ne faut point croire que cette règle ne soit fondée que sur la fantaisie de ceux qui l'ont faite : il n'y a que le vraisemblable qui touche dans la tragédie. Et quelle vraisemblance y a-t-il qu'il arrive en un jour une multitude de choses qui pourraient à peine arriver en plusieurs semaines ? »

(Préface de *Bérénice*.)

L'invention ne consistera pas à imaginer de savantes combinaisons, mais à tirer d'une donnée initiale tout ce qu'elle contient :

« Il y en a qui pensent que cette simplicité est une marque de peu d'invention. Ils ne songent pas qu'au contraire toute l'invention consiste à faire quelque chose de rien, et que tout ce grand nombre d'incidents a toujours été le refuge des poètes qui ne sentaient dans leur génie ni assez d'abondance ni assez de force pour attacher durant cinq actes leurs spectateurs par une action simple, soutenue de la violence des passions, de la beauté des sentiments et de l'élégance de l'expression. »

(Préface de *Bérénice*.)

Pour ajouter le moins possible, Racine cherche dans l'histoire des sujets tout faits. Il abandonne ceux auxquels il eût fallu trop ajouter ; souvent même il simplifie les données historiques. A cet égard, rien de plus instructif que la comparaison des deux Bérénices : chez Corneille, c'est l'excès de complication ; chez Racine, l'excès de simplicité.

Par cette conception du drame, on se rapproche des

anciens, surtout des Grecs. Ce sont eux qu'il faut prendre pour modèles dans la conduite de l'action :

« Je crus que je pourrais rencontrer toutes ces parties dans mon sujet ; mais ce qui m'en plut davantage, c'est que je le trouvai extrêmement simple. Il y avait longtemps que je voulais essayer si je pourrais faire une tragédie avec cette simplicité d'action qui a été si fort du goût des anciens : car c'est un des premiers préceptes qu'ils nous ont laissés: « Que « ce que vous ferez, dit Horace, soit toujours simple et ne « soit qu'un. »
(Préface de Bérénice.)

Avec ces idées, Racine devait être aidé plutôt que gêné par les *règles* que les théoriciens du xviie siècle imposaient à l'art dramatique.

Jusqu'en 1639 avait régné sur la scène une grande liberté : on avait essayé de tous les systèmes. Au xvie siècle, on avait noté quelques observations sur les genres littéraires renouvelés de l'antiquité. On avait commencé à étudier la *Poétique* d'Aristote. Ronsard, Jean de la Taille et Scaliger avaient à peu près formulé la règle des trois unités ; Jodelle et Garnier l'avaient à peu près observée. En Italie, en Espagne, en Angleterre, plusieurs poètes avaient cru découvrir et proclamé la même loi. Mais en France, comme en tous ces pays, les auteurs dramatiques de la première moitié du xviie siècle, Hardy comme Shakespeare, avaient suivi surtout leur fantaisie. C'était un legs du moyen âge, comme l'habitude du décor simultané. On trouve même dans une préface de 1628 un véritable réquisitoire contre les règles et l'imitation servile des anciens (1). Les polémiques que soulevèrent les chefs-d'œuvre de Corneille hâtèrent le progrès des règles. Chapelain s'en fit le champion, en proclama l'avènement et la toute-puissance. D'Aubignac, qui se vantait d'être seul à comprendre Aristote, voulut bien expliquer les règles

---

(1) François Ogier, *Préface* à la tragédie *Tyr et Sidon* de Jean de Schelandre.

à ses contemporains, et en donna la théorie dans sa *pratique du théâtre* (1657). Corneille, pris de scrupule, dans les *Examens* de ses pièces (1660) essaya de montrer qu'il n'avait pas méconnu l'autorité d'Aristote. Un petit fait matériel contribua sans doute à imposer le respect des règles à tous les auteurs : à partir de 1656, les côtés de la scène furent envahis par les gens de cour, ce qui força de renoncer à peu près au décor. Aussi Boileau, dans son *Art poétique*, put, sans crainte d'être contredit, formuler la théorie des trois unités, qu'il fonda sur la nature et la vraisemblance :

> ... Nous, que la raison à ses règles engage,
> Nous voulons qu'avec art l'action se ménage :
> Qu'en un lieu, qu'en un jour, un seul fait accompli
> Tienne jusqu'à la fin le théâtre rempli.
> (*Art poétique*, III, 43-46.)

Racine, lors de ses premières tragédies, se conforma tout naturellement à la tradition établie. Dans la *Thébaïde* et dans *Alexandre*, il appliqua exactement les règles : il les accepta comme une convention théâtrale, une sorte de recette pour composer une bonne tragédie.

Mais il ne s'en tint pas là. Il chercha la raison de ces règles. C'est ce que prouvent plusieurs livres de sa bibliothèque, annotés de sa main : l'ouvrage d'Heinsius sur la *Constitution de la tragédie* ; des exemplaires d'Eschyle, de Sophocle, d'Euripide, de la première édition d'Aubignac, enfin de la *Poétique* d'Aristote, avec fragments de commentaire et de traduction. Racine avait donc beaucoup réfléchi sur cette question des trois unités. Il arriva à cette conclusion que les fameuses règles n'étaient pas fondées historiquement, mais qu'elles l'étaient en raison.

Il connaissait trop bien l'antiquité pour ne pas s'apercevoir que ces lois de la tragédie étaient en grande partie d'invention moderne. Aristote demandait l'unité d'action ; pour le reste, il voulait seulement que la tragédie n'embrassât pas un trop grand espace de temps et de lieu ; car c'est, disait-il, un être vivant dont il faut pouvoir saisir l'ensemble. Evidemment, la présence du chœur donnait beaucoup d'unité aux pièces d'Eschyle ou de Sophocle. Mais les Grecs n'observaient pas toujours les règles strictes que les modernes ont cru découvrir dans leurs œuvres ; on peut le constater, pour le lieu, dans les *Euménides* et dans *Ajax* ; pour le temps, dans *OEdipe à Colone*.

Cependant Racine trouvait ces règles légitimes et raisonnables. D'abord le théâtre grec lui était si familier que tout sujet se présentait à lui dans un cadre analogue. Puis, le drame psychologique, tel qu'il le concevait, sans épisode ni combinaisons, avec son action simple où l'évolution des caractères aboutit fatalement à une crise, s'accommodait sans effort des trois unités.

Sans doute même, dans sa préoccupation constante du naturel et du vrai, il y voyait une vraisemblance de plus. Après tout, le système classique est peut-être celui qui comporte le moins de conventions : l'action réelle doit s'accomplir à peu près dans le même temps et dans les mêmes conditions que la représentation. Rien de plus réaliste que cette conception. Et c'était une conséquence assez naturelle d'une conception idéaliste du drame : rien ne doit distraire le spectateur du progrès des caractères et du jeu des âmes ; le décor sera donc réduit au minimum ; nous serons transportés une fois pour toutes dans un endroit donné ; et là tout se passera devant nos yeux pendant la durée d'une représentation.

Racine ne s'inquiète que de la vérité psychologique. Aussi, chez lui, nul souci du costume ni de la mise en scène. Ses tragédies pouvaient, sans grand inconvénient, être jouées dans un salon en habits de ville, ou à la cour dans un décor de fantaisie. C'est qu'il y a deux manières de comprendre la vérité matérielle au théâtre. Ou bien le poète veut reproduire des scènes de la vie dans toute leur complexité. Alors il ne devra négliger aucun détail, même étranger à l'action. C'est le système de Shakespeare, du moyen âge, des Espagnols, des romantiques. Ou bien l'on se place au point de vue des spectateurs ; alors la vérité matérielle n'a plus qu'une valeur subjective ; elle consiste à ne mettre sous les yeux que les choses utiles à l'action ; si l'on n'étudie que les caractères, le décor est superflu ; il faut se garder seulement de choquer l'idée que le spectateur se fait d'une époque ou d'un pays : c'est le système classique, et, par excellence, celui de Racine.

Tout dans le drame de Racine a pour objet de peindre la passion choisie. Dans beaucoup de ses tragédies, il en varie les effets et prépare la crise en prêtant la même préoccupation amoureuse à trois des personnages : Bajazet entre Roxane et Atalide ; Junie entre Néron et Britannicus ; Bérénice entre Antiochus et Titus ; Monime entre Mithridate et Xipharès ; Achille entre Eriphile et Iphigénie ; Hippolyte entre Phèdre et Aricie. Certains de ces amours, par exemple ceux d'Eriphile et d'Antiochus, peuvent sembler épisodiques, et marquent une concession au goût du temps. Mais d'autres sont la cause de grandes beautés : c'est la rivalité d'Aricie, d'Atalide, qui déchaîne la jalousie de Phèdre ou de Roxane.

Comme l'action naît des caractères, il faut que nous assistions à la lutte des sentiments divers dans l'âme des personnages. D'où les monologues et les confidents. Ce sont là évidemment deux conventions théâtrales. Ce qui en excuse l'emploi, c'est que l'on n'a jamais réussi à s'en passer, et on les retrouve, sous divers noms, dans tous les théâtres. Le conflit des sentiments éclate souvent chez Racine en de merveilleux monologues. Quant à ses confidents, ce qui les sauve, c'est leur utilité : ces pâles ombres de nos tragédies ont, après tout, leur raison d'être. Mieux que tous les monologues, un confident met à nu la passion, en marque le progrès : **et c'est là tout l'essentiel de Racine.**

Avant le lever du rideau, aucun des personnages n'est censé connu du spectateur : d'où la netteté des expositions. Plusieurs sont à elles seules de vrais chefs-d'œuvre. On connaît le début de *Bajazet*. Le vizir, du ton le plus naturel, converse avec un officier : quand ils se sépareront, nous saurons tout, et le caractère d'Acomat, et la physionomie du sérail, et l'intrigue engagée entre la sultane et le frère de l'empereur; on pressent les dangers et tout ce qui suivra.

Dans ces drames tout intérieurs, les incidents, sauf le petit nombre de ceux que fournissait l'histoire et que le poète n'a pu changer, naissent naturellement du jeu des âmes : ils ne sont que l'image du progrès de la passion. Les ressorts de ces tragédies sont toujours très simples, souvent analogues à ceux des comédies de Molière. Les situations les plus dramatiques, les scènes capitales sont si naturellement préparées et amenées qu'il faut un effort de réflexion pour en saisir toute la hardiesse.

Le dénouement est toujours la conséquence logique des caractères. Le poète fait remarquer lui-même ce mérite de ses tragédies dans la préface d'*Iphigénie* :

« Ainsi le dénouement de la pièce est tiré du fond même de la pièce ; et il ne faut que l'avoir vu représenter pour comprendre quel plaisir j'ai fait au spectateur, et en sauvant à la fin une princesse vertueuse pour qui il s'est si fort intéressé dans le cours de la tragédie, et en la sauvant par une autre voie que par un miracle, qu'il n'aurait pu souffrir, parce qu'il ne le saurait jamais croire. »

Ailleurs Racine nous dit :

« Ce n'est point une nécessité qu'il y ait du sang et des morts dans une tragédie : il suffit que l'action en soit grande, que les acteurs en soient héroïques, que les passions y soient excitées, et que tout s'y ressente de cette tristesse majestueuse qui fait tout le plaisir de la tragédie. »
(Préface de *Bérénice*.)

Cette théorie est incontestable. Mais il n'est pas moins vrai que, sauf une seule, toutes les pièces de Racine se terminent par de grandes tueries. C'est là qu'aboutissait presque nécessairement la psychologie racinienne.

Fatalité de la passion, ordonnance logique et simplicité de l'intrigue, prépondérance des caractères sur le sujet : telles étaient les grandes nouveautés et les traits dominants de ce système dramatique. A cette conception de la tragédie Racine avait été amené peu à peu par l'exemple de Molière et les conseils de Boileau, surtout par l'étude directe des grands tragiques grecs. Il considéra toujours Euripide et Sophocle comme les vrais modèles. Depuis *Andromaque* jusqu'à *Phèdre*, il imita dans ses pièces la structure intime du drame athénien. Il eût voulu en imiter aussi les formes d'art, les chœurs accompagnés de musique, le spectacle, le mélange de dialogue et de chant. Mais les conditions matérielles du théâtre du xviie siècle ne s'y prêtaient guère. Tant qu'il travailla pour la scène, Racine dut s'en tenir à son drame psychologique. L'occasion se présenta plus tard, quand Mme de Maintenon lui demanda des pièces pour Saint-Cyr : alors le génie du poète se déploya plus librement, et son idée fixe prit corps en deux chefs-d'œuvre harmonieux et complets comme une tragédie d'Athènes.

CHAPITRE III.

LE THÉATRE.

I

VUE D'ENSEMBLE. — LA VÉRITÉ HISTORIQUE DANS LE THÉATRE DE RACINE.

Nous venons de voir quelle idée Racine se faisait du théâtre : voyons comment il a réalisé cette idée.

Ce qu'il se propose avant tout, c'est de peindre l'homme dans ce qu'il a de permanent et d'universel, l'homme animé de passions communes et placé dans des situations ordinaires. Mais c'est là une abstraction, qu'il faut absolument revêtir de formes concrètes pour la produire sur la scène. Au théâtre, les passions s'incarnent dans des personnes vivantes, qui se meuvent, parlent, agissent, et qui par là, nécessairement, appartiennent à un certain temps et à un certain pays. Dans le dessin de ses personnages, le poète doit tenir compte des dispositions d'esprit de ses spectateurs, de leurs habitudes, de leurs préjugés, dont lui-même d'ailleurs ne se peut entièrement dégager. Il ne suffit donc pas que les personnages soient vrais d'une vérité humaine, et vrais d'une vérité historique absolue : il faut encore, pour les faire accepter au théâtre, que le poète leur donne une sorte de vraisemblance scénique.

C'est toujours à l'histoire, et presque toujours à l'histoire de l'antiquité, que Racine emprunte le cadre de son drame psychologique. C'était d'ailleurs, on le sait, une tradition constante dans la tragédie classique. L'origine de cette tradition est des plus simples : quand, à la Renaissance, on se mit à imiter les poètes grecs et romains, on leur emprunta naturellement leurs sujets, et l'habitude s'en conserva. Mais Racine en donne une raison plus profonde. Pour peindre les passions les plus communes, pour mieux dégager l'essentiel de l'accessoire, le poète ne peut se passer d'une sorte d'éloignement, comme à distance on distingue mieux les grands traits d'une époque ou d'un paysage. A défaut de l'éloignement dans le temps, Racine veut l'éloignement dans l'espace. C'est ce qu'il explique très nettement dans la préface de *Bajazet* :

« Les personnages tragiques doivent être regardés d'un autre œil que nous ne regardons d'ordinaire les personnages que nous avons vus de si près. On peut dire que le respect que l'on a pour les héros augmente à mesure qu'ils s'éloignent de nous : *major e longinquo reverentia*. L'éloignement des pays répare en quelque sorte la trop grande proximité des temps : car le peuple ne met guère de différence entre ce qui est, si j'ose ainsi parler, à mille ans de lui, et ce qui en est à mille lieues. C'est ce qui fait, par exemple, que les personnages turcs, quelque modernes qu'ils soient, ont de la dignité sur notre théâtre : on les regarde de bonne heure comme anciens. Ce sont des mœurs et des coutumes toutes différentes. Nous avons si peu de commerce avec les princes, et les autres personnes qui vivent dans le sérail, que nous les considérons, pour ainsi dire, comme des gens qui vivent dans un autre siècle que le nôtre. »

D'ailleurs Racine ne prend à ces temps ou pays lointains que ce qui pourrait être vrai également dans la France du XVIIe siècle, donc ce qu'il y a d'essentiel dans la nature humaine. Le fond durable de l'âme se reconnaît dans les Parisiens de Louis XIV comme dans les Athéniens de Périclès. Racine en fait la remarque dans la préface d'*Iphigénie* :

« J'ai reconnu avec plaisir, par l'effet qu'a produit sur notre théâtre tout ce que j'ai imité ou d'Homère ou d'Euripide, que *le bon sens et la raison étaient les mêmes dans tous les siècles. Le goût de Paris s'est trouvé conforme à celui d'Athènes;* mes spectateurs ont été émus des mêmes choses qui ont mis autrefois en larmes le plus savant peuple de la Grèce. »

En fait de psychologie, on y voit plus clair à distance : voilà pourquoi le poète, qui veut peindre les passions éternellement vraies, va en chercher les principaux types dans l'antiquité classique et en Orient.

Racine a toujours eu grand souci de l'exactitude historique. Il s'efforçait de suivre le conseil de Boileau :

Conservez à chacun son propre caractère.
Des siècles, des pays étudiez les mœurs:
Les climats font souvent les diverses humeurs.
(*Art poétique*, III, 112-114.)

Cette préoccupation apparaît chez Racine dès ses premières tragédies, témoin la préface de son *Alexandre* :

« Il n'y a guère de tragédie où l'histoire soit plus fidèlement suivie que dans celle-ci. Le sujet en est tiré de plusieurs auteurs, mais surtout du huitième livre de Quinte-Curce. C'est là qu'on peut voir tout ce qu'Alexandre fit lorsqu'il entra dans les Indes, les ambassades qu'il envoya aux rois de ce pays-là, les différentes réceptions qu'ils firent à ses envoyés, l'alliance que Taxile fit avec lui, la fierté avec laquelle Porus refusa les conditions qu'on lui présentait, l'inimitié qui était entre Porus et Taxile, et enfin la victoire qu'Alexandre remporta sur Porus, la réponse généreuse que ce brave Indien fit au vainqueur, qui lui demandait comment il voulait qu'on le traitât, et la générosité avec laquelle Alexandre lui rendit tous ses Etats, et en ajouta beaucoup d'autres. »

A chacune de ses pièces Racine entreprend de prouver qu'il a fidèlement suivi les auteurs anciens. Dans les préfaces de *Britannicus* et de *Mithridate*, il passe en revue tous les personnages pour en montrer la scrupuleuse exactitude. La préface de *Bajazet* est un vrai cours d'histoire turque ; celle d'*Athalie* est un solide chapitre sur les institutions ou mœurs juives et sur la révolution qui amena l'avènement de Joas. Cette conscience de Racine s'affirme jusque dans les plus petits détails. Par exemple, l'abbé de Villars avait signalé cette exclamation *Dieux* ! dans la bouche de la *juive* Bérénice. C'était une chicane ; mais le poète en fit son profit, et corrigea le passage.

Il ne saurait donc y avoir de doute sur l'intention de Racine : toujours il a prétendu observer la vérité historique, ou tout au moins la vraisemblance historique non seulement dans l'étude de certains caractères qui s'imposaient, comme Néron, Agrippine ou Mithridate, mais encore dans l'ensemble du drame et dans le plus mince détail. Racine y a-t-il réussi ? Et que faut-il penser aujourd'hui de son exactitude ?

Naturellement il n'est point ici question de couleur locale. Pour marquer le lieu et le temps, le poète se contente d'indiquer rapidement, au courant du dialogue, quelques détails caractéristiques, connus de tous les gens un peu instruits ; mais, en revanche, il se garde avec soin de tout anachronisme. A cela se réduit, dans ce théâtre, la vérité matérielle.

Ce qui est en question ici, c'est la vraisemblance historique des caractères et de l'action. Pour juger de l'exactitude du poète, il faut bien préciser ce qu'on a le droit d'attendre de lui. Dans tout drame historique, il y a nécessairement une sorte de transposition. A propos d'une époque ou d'un personnage, le premier souci du poète dramatique doit être de ne point choquer l'idée que s'en font les gens instruits de son temps. L'exactitude au théâtre est chose toute relative. Croit-on que Sophocle ait représenté les héros de la guerre de Troie tels qu'ils furent réellement ? Il l'aurait pu, qu'il s'en serait bien gardé. Il s'est préoccupé seulement de ce qu'en pensaient ses contemporains. Nous-mêmes, malgré le progrès des études archéologiques, nous ne pouvons connaître absolument, et dans tous les détails, les anciens Grecs ; il est probable que dans cinquante ans, après de nouvelles découvertes, on se les figurera d'une façon un peu différente. C'est dire que la vérité absolue est impossible au théâtre : la réalité rétrospective est à peu près insaisissable, et la notion qu'on en a varie d'une génération à l'autre. Pour apprécier la valeur historique d'un drame, on doit se demander d'abord ce que les contemporains de l'auteur savaient ou pensaient du pays, du temps où se passe l'action, et des personnages mis en scène : car le poète, bon gré mal gré, a dû ménager les idées préconçues du public, même ses erreurs ou ses préjugés. Racine lui-même en fait l'observation à propos du personnage d'Andromaque :

« Andromaque ne connaît point d'autre mari qu'Hector, ni d'autre fils qu'Astyanax. J'ai cru en cela me conformer à l'idée que nous avons maintenant de cette princesse. La plupart de ceux qui ont entendu parler d'Andromaque ne la connaissent guère que pour la veuve d'Hector et pour la mère d'Astyanax. On ne croit point qu'elle doive aimer ni un autre mari, ni un autre fils ; et je doute que les larmes d'Andromaque eussent fait sur l'esprit de mes spectateurs l'impression qu'elles y ont faite, si elles avaient coulé pour un autre fils que celui qu'elle avait d'Hector. »

(2ᵉ préface d'*Andromaque*.)

Ce que Racine nous dit là d'Andromaque, il aurait pu le répéter à propos de toutes ses tragédies. Il connaissait l'antiquité autant que personne ; mais au théâtre il l'interprétait avec les idées et le tour d'esprit de ses contemporains.

Au XVIIᵉ siècle, on ne voyait les anciens qu'à travers le Plutarque d'Amyot. Or l'on ne doit pas oublier que Plutarque est un sophiste du second siècle de l'empire romain : il vivait cinq cents ans après Périclès, et était presque aussi étranger que nous à l'esprit de la Grèce indépendante. Ce qu'il connaissait bien, c'était la société composite née des conquêtes d'Alexandre et de Rome : et c'est d'après ce monde-là qu'il jugeait tout le reste. Aussi la Grèce de Plutarque, sauf quelques détails empruntés à d'anciens auteurs, n'est pas la vraie Grèce, telle que nous l'entrevoyons aujourd'hui ; c'est la Grèce drapée par un rhéteur à la mode de l'époque alexandrine et gréco-romaine. Pour les gens du xviie siècle, c'était là toute l'antiquité.

En cela Racine partageait l'erreur de ses contemporains. Quoiqu'il eût étudié de près les grands auteurs athéniens, il les avait compris en lettré plutôt qu'en historien. Il goûtait la beauté simple de Sophocle ; mais sur la société hellénique il en était resté aux idées courantes. Aux temps de sa première jeunesse, nous savons comment il avait appris l'histoire ancienne. Élève à Port-Royal, il chargeait de notes les marges de son Plutarque, et avec de singulières préoccupations : il comparait Coriolan à Condé ou le roi Antigone à Richelieu, et il découvrait dans ce vieux sophiste la doctrine de la *Grâce suffisante*. Plus tard, pour ses tragédies, Racine a bien souvent puisé dans les *Vies parallèles*. C'est là, par exemple, qu'il trouva l'idée du personnage de Monime :

« J'ai choisi Monime entre les femmes que Mithridate a aimées. Il paraît que c'est celle de toutes qui a été la plus vertueuse, et qu'il a aimée le plus tendrement. *Plutarque semble avoir pris plaisir à décrire le malheur et les sentiments de cette princesse. C'est lui qui m'a donné l'idée de Monime ; et c'est en partie sur la peinture qu'il en a faite que j'ai fondé un caractère* que je puis dire qui n'a point déplu. Le lecteur trouvera bon que je rapporte ses paroles telles qu'Amyot les a traduites ; car elles ont une grâce dans le vieux style de ce traducteur, que je ne crois point pouvoir égaler dans notre langage moderne. »

(Préface de *Mithridate*.)

C'est aussi dans les *Vies parallèles* que l'auteur de *Phèdre* a trouvé le récit des aventures de Thésée :

« Je rapporte ces autorités, parce que je me suis très scrupuleusement attaché à suivre la fable. *J'ai même suivi l'histoire de Thésée, telle qu'elle est dans Plutarque.*

« C'est dans cet historien que j'ai trouvé que ce qui avait donné occasion de croire que Thésée fût descendu dans les enfers pour enlever Proserpine, était un voyage que ce prince avait fait en Épire vers la source de l'Achéron, chez un roi dont Pirithoüs voulait enlever la femme, et qui arrêta Thésée prisonnier, après avoir fait mourir Pirithoüs. Ainsi j'ai tâché de conserver la vraisemblance de l'histoire, sans rien perdre des ornements de la fable, qui fournit extrêmement à la poésie. » (Préface de *Phèdre*.)

On pourrait multiplier les preuves. On verrait que la plupart des personnages de Racine, s'ils ne viennent pas directement du monde de Plutarque, l'ont du moins traversé. Ils se meuvent dans cette civilisation composite, qui n'est point une invention des gens du XVII° siècle, mais à laquelle ils avaient le tort de ramener toute l'histoire ancienne. C'est une sorte d'antiquité moyenne, un peu mêlée, où se rencontrent la Grèce Rome et l'Orient, où même Bajazet, Esther et Athalie ne sont pas trop dépaysés. C'est bien le caractère de la civilisation qui s'est étendue peu à peu à tous les peuples riverains de la Méditerranée, de Syrie et de Palestine en Espagne et en Gaule, depuis les conquêtes d'Alexandre jusqu'aux derniers siècles de l'empire romain.

Chaque poète humaniste a dans le passé une époque de prédilection, à laquelle il ramène plus ou moins tout le reste. Pour Corneille, c'est l'Espagne du moyen âge. Pour Racine, c'est la société moitié grecque, moitié orientale, de la période hellénistique. A Port-Royal, son livre de prédilection, avec Plutarque, c'est *Théagène et Chariclée*. Il admire très vivement les vieux poètes de la Grèce indépendante ; mais il sent que quelque chose le sépare d'eux, et il n'ose presque rien leur emprunter. Il imite Euripide : c'est que précisément, par la physionomie de son drame, par sa rhétorique élégante, par l'importance qu'il donne à la femme et aux passions de l'amour, Euripide annonce déjà la civilisation de l'âge suivant. Racine hésitait en face de Sophocle : il s'enhardissait avec Euripide, avec Plutarque, Sénèque et les Gréco-Romains, parce qu'il se sentait plus près d'eux.

En effet, cette société hellénistique, telle que nous la connaissons par les cours à demi-orientales des dynasties macédoniennes ou par la Rome impériale, ressemble par plus d'un trait à la société française de la fin du xviie siècle ; c'est, de part et d'autre, même idée du pouvoir royal, même jeu d'ambitions, même prédominance de la femme, même galanterie, même raffinement extérieur cachant mal des passions violentes. Dans ces ressemblances des deux civilisations on trouve peut-être un des secrets de l'harmonie du théâtre de Racine : ses personnages peuvent avoir des façons de gens du xviie siècle, sans en être moins de vrais anciens à la mode de Plutarque.

On voit maintenant qu'on ne saurait, sans distinction ou restriction, louer ou contester la vérité historique du théâtre de Racine. Laissons de côté pour le moment ses tragédies religieuses : l'Orient biblique, comme nous le verrons, y est admirablement compris, mais ce sont là vraiment des œuvres à part. Tenons-nous-en à l'antiquité profane. Racine a toujours voulu la peindre exactement ; mais il y a réussi, suivant les cas, dans des mesures très différentes. Historiquement, ses personnages nous semblent aujourd'hui vrais ou faux, selon qu'ils appartiennent ou non à la seule période de l'histoire ancienne que le xviie siècle ait bien comprise, à cette civilisation hellénistique qui d'Alexandrie gagna Rome et tout le monde romain. Cette société-là, Racine la comprenait à merveille ; mais, comme tous ses contemporains, il y transposait involontairement ce qui était en dehors d'elle, surtout ce qui l'avait précédée. Sauf quelques détails secondaires, c'est bien réellement la Rome impériale qui revit dans *Britannicus*, ou l'Orient hellénique dans *Mithridate*. Mais pour comprendre les pièces grecques de Racine, il faut commencer par oublier les temps héroïques, même l'Athènes de Périclès ; il faut, comme Racine ou Plutarque, nous figurer Andromaque ou Iphigénie dans une maison royale de l'Orient hellénisé, au milieu d'une cour brillante et raffinée, digne d'un Séleucide ou d'un Ptolémée.

II

LES GRECS.

Ainsi les Grecs de Racine arrivent d'Alexandrie ou d'Antioche. Dans *Andromaque*, *Iphigénie* ou *Phèdre*, une seule chose appartient aux temps héroïques : c'est le sujet, le cadre, les noms. Racine, pas plus qu'Euripide, n'a peint des Achéens et des Phrygiens contemporains de la guerre de Troie. Les deux poètes ont conservé seulement les traits principaux, traditionnels, d'Achille, de Phèdre, d'Andromaque. De ces hommes et de ces femmes Euripide a fait des Athéniens de son temps. Racine, qui se représentait les héros légendaires d'après Euripide corrigé par Sénèque et Plutarque, a transporté les Achéens aux belles cnémides dans les demeures princières des successeurs d'Alexandre. Donc, les trois grandes pièces grecques de Racine, par la donnée générale, nous reportent aux temps héroïques, et, par les traits de civilisation, à l'époque hellénistique : par l'analyse psychologique, ce sont des drames intimes universellement vrais.

Une veuve qui, pour sauver son enfant, ne peut se décider à trahir la mémoire de son mari : voilà tout le sujet d'*Andromaque*.

Dans l'Iliade, dans deux pièces d'Euripide, dans Virgile et Sénèque, Racine a trouvé presque tous les éléments de sa tragédie. Mais ces éléments, il les a refondus, combinés avec un art infini. Pour l'intrigue, il suit surtout l'*Andromaque* d'Euripide ; mais il y fait plusieurs changements fort heureux. Il suppose qu'Hermione est seulement fiancée, et non pas mariée, à Pyrrhus ; il marque dès le début la passion emportée d'Oreste, à peine indiquée dans Euripide ; il met en scène Pyrrhus, qui ne paraissait point dans la pièce grecque. Surtout il nous intéresse beaucoup plus aux anxiétés d'Andromaque. Car elle a gardé, inviolable, la foi conjugale : cet enfant, pour qui elle tremble, n'est point né d'un second mariage, comme le Molossos d'Euripide ; c'est Astyanax, le fils unique d'Hector. Par ces simples changements Racine a renouvelé presque entièrement le sujet : de la vieille fable il a tiré un drame très neuf et débordant de passion.

Tout dans la pièce dépend d'Andromaque, du combat qui se livre en elle entre la fidélité conjugale et l'amour maternel. Les Grecs, par la voix de leur ambassadeur Oreste, exigent la mort d'Astyanax : le sort de l'enfant est entre les mains du roi d'Épire. Andromaque, qui n'aime point Pyrrhus et ne veut pas l'épouser, doit éviter cependant de le pousser à bout. A-t-elle, en le ménageant, l'air de céder ? aussitôt Pyrrhus lui offre sa main ; Hermione, furieuse de cette trahison de son fiancé, se retourne vers Oreste dont elle cesse de rudoyer l'amour, dans une vague pensée de vengeance. Andromaque a-t-elle repoussé Pyrrhus ? Alors celui-ci, de dépit, revient à Hermione, qui oublie vite sa colère ; et le désespoir reprend Oreste, délaissé de tous, sauf de Pylade. Comme toute l'action, le dénouement sort des contradictions apparentes d'Andromaque. La pauvre femme a cru trouver un moyen de sauver son fils sans manquer au souvenir de son mari : elle épousera Pyrrhus, mais, aussitôt après la cérémonie nuptiale qui doit assurer à l'enfant un protecteur, elle s'immolera sur la tombe d'Hector. Cependant la jalousie d'Hermione est là, qui guette ; au temple même où se célèbre le mariage, elle frappe Pyrrhus par la main d'Oreste.

Puis Hermione se tue, Oreste devient fou ; et parmi tant de victimes de l'amour, Andromaque reste seule.

Pyrrhus est un vrai fils d'Achille, orgueilleux et emporté. Il n'admet pas que les Grecs se mêlent des affaires de son royaume, et il trouve de fières paroles pour répondre à leur ambassadeur :

> La Grèce en ma faveur est trop inquiétée :
> De soins plus importants je l'ai cru agitée,
> Seigneur ; et, sur le nom de son ambassadeur,
> J'avais dans ses projets conçu plus de grandeur.
> Qui croirait en effet qu'une telle entreprise
> Du fils d'Agamemnon méritât l'entremise ;
> Qu'un peuple tout entier, tant de fois triomphant,
> N'eût daigné conspirer que la mort d'un enfant ?...
> Non, seigneur : que les Grecs cherchent quelque autre proie:
> Qu'ils poursuivent ailleurs ce qui reste de Troie :
> De mes inimitiés le cours est achevé ;
> L'Épire sauvera ce que Troie a sauvé.

C'est l'orgueil qui parle en ces beaux vers ; mais c'est aussi l'amour. Pyrrhus aime Andromaque jusqu'à la plus folle imprudence : pour elle, qui ne l'aime pas, il rompt ses engagements avec Hermione, il compromet sa gloire et celle de son père, il risque de déchaîner contre son peuple une guerre terrible.

Mais il entend être payé de son dévouement. Il compte que la reconnaissance de sa captive ira jusqu'à une tendre sympathie dont il profitera pour l'enchaîner à lui par le mariage. A cette condition seulement il consent à sauver Astyanax. Aussi, quand il déclare son amour à Andromaque, c'est avec une galanterie sûre d'elle-même, et où gronde la menace :

> Songez-y bien : il faut désormais que mon cœur,
> S'il n'aime avec transport, haïsse avec fureur.
> Je n'épargnerai rien dans ma juste colère :
> Le fils me répondra des mépris de la mère...
> Madame, en l'embrassant, songez à le sauver.

Si Andromaque se dérobe, Pyrrhus tient dans les

mains sa vengeance : il annonce qu'il va livrer Astyanax, épouser Hermione. Mais il aime encore la Troyenne ; car il est jaloux d'Hector :

> Cent fois le nom d'Hector est sorti de sa bouche.
> Vainement à son fils j'assurais mon secours :
> « C'est Hector, disait-elle en l'embrassant toujours :
> « Voilà ses yeux, sa bouche, et déjà son audace ;
> « C'est lui-même, c'est toi, cher époux, que j'embrasse. »
> Eh ! quelle est sa pensée ? attend-elle en ce jour
> Que je lui laisse un fils pour nourrir son amour ?

Qu'Andromaque semble se raviser, et Pyrrhus est prêt à oublier tout : il l'aime assez pour l'épouser à tout prix, ne l'aimât-elle point. Sur un signe d'elle, il se détourne d'Hermione. Tout à sa folle passion, sans souci du danger, il court à l'autel où le guette la mort.

Oreste traîne avec lui cette terrible prédestination qui toute sa vie l'a voué au malheur. Il arrive, envoyé par les Grecs pour sommer le roi d'Épire de leur livrer le fils d'Hector. Mais ce qu'il redoute le plus, c'est de réussir dans son ambassade : car, en ce cas, Hermione est perdue pour lui. Oreste l'aime depuis son enfance ; autrefois même il a dû l'épouser ; il a saisi avec empressement l'occasion de la revoir, même fiancée à Pyrrhus ; il est venu, poussé par le vague espoir d'un heureux contre-temps. Il sait qu'il n'est pas aimé ; et pourtant, il veut épouser Hermione, quand ils devraient en souffrir tous deux :

> C'est trop gémir tout seul. Je suis las qu'on me plaigne.
> Je prétends qu'à mon tour l'inhumaine me craigne,
> Et que ses yeux cruels, à pleurer condamnés,
> Me rendent tous les noms que je leur ai donnés.

La vengeance d'Oreste serait de voir Hermione aussi malheureuse que lui. Pour arriver à ses fins, il ne se rebute d'aucun mépris, il ne s'effraie pas même du crime et consent à assassiner son rival. Mais jusqu'au bout le destin s'acharne; pour prix de son forfait, Oreste n'obtient que des injures et des reproches. Sa raison s'égare; jusque dans sa folie de désespoir, il est torturé par d'effrayantes hallucinations :

> Grâce aux dieux, mon malheur passe mon espérance !
> Oui, je te loue, ô ciel, de ta persévérance !
> Appliqué sans relâche au soin de me punir,
> Au comble des douleurs tu m'as fait parvenir ;
> Ta haine a pris plaisir à former ma misère ;
> J'étais né pour servir d'exemple à ta colère,
> Pour être du malheur un modèle accompli.
> Eh bien ! je meurs content, et mon sort est rempli...
> Mais quelle épaisse nuit tout à coup m'environne ?
> De quel côté sortir ? D'où vient que je frissonne ?
> Quelle horreur me saisit ! Grâce au ciel, j'entrevoi...
> Dieux ! quels ruisseaux de sang coulent autour de moi !
> .... Quoi ! Pyrrhus, je te rencontre encore !
> Trouverai-je partout un rival que j'abhorre ?
> Percé de tant de coups, comment t'es-tu sauvé ?
> Tiens, tiens, voilà le coup que je t'ai réservé.
> Mais que vois-je ! A mes yeux Hermione l'embrasse !

Hermione, elle aussi, ne vit que pour l'amour ; et elle en meurt. Franche et loyale, elle est venue confiante en la promesse de son fiancé :

> Hélas ! pour mon malheur, je l'ai trop écouté.
> Je n'ai point du silence affecté le mystère :
> Je croyais sans péril pouvoir être sincère ;
> Et, sans armer mes yeux d'un moment de rigueur,
> Je n'ai pour lui parler consulté que mon cœur.
> Et qui ne se serait comme moi déclarée
> Sur la foi d'une amour si saintement jurée ?

Elle adore Pyrrhus et l'admire. Malgré l'évidence, elle espère toujours le reconquérir :

> Je crains de me connaître en l'état où je suis.
> De tout ce que tu vois tâche de ne rien croire ;
> Crois que je n'aime plus, vante-moi ma victoire ;

> Crois que dans son dépit mon cœur est endurci ;
> Hélas ! et, s'il se peut, fais-le-moi croire aussi...
> Fuyons... Mais si l'ingrat rentrait dans son devoir ;
> Si la foi dans son cœur retrouvait quelque place ;
> S'il venait à mes pieds me demander sa grâce ;
> Si sous mes lois, Amour, tu pouvais l'engager ;
> S'il voulait...

Elle est si heureuse du moindre témoignage d'amour qu'aussitôt elle pardonne :

> Pyrrhus revient à nous ! Eh bien ! chère Cléone,
> Conçois-tu les transports de l'heureuse Hermione ?
> Sais-tu quel est Pyrrhus ? T'es-tu fait raconter
> Le nombre des exploits... Mais qui les peut compter ?
> Intrépide, et partout suivi de la victoire,
> Charmant, fidèle enfin : rien ne manque à sa gloire.

Rien n'existe pour elle que sa passion. Quand elle se croit aimée, elle est toute à sa joie égoïste ; elle est dure pour Andromaque, dure pour Oreste. Mais bientôt l'illusion n'est plus possible ; Hermione se voit trahie, abandonnée. Aussitôt en son âme grandit une idée fixe : elle se vengera. Elle fait venir Oreste. Pendant qu'il lui débite ses longues protestations d'amour, elle ne l'écoute guère ; elle suit sa pensée, et répond d'un mot, aigu et froid comme un coup d'épée :

> Je veux savoir, seigneur, si vous m'aimez ;

ou bien :

> Vengez-moi, je crois tout.

Pourtant elle ne peut admettre encore que c'en est fait de ses rêves d'amour. Elle tente un effort suprême pour ramener Pyrrhus. Elle l'enveloppe de ses paroles câlines ou menaçantes :

> Je ne t'ai point aimé, cruel ! Qu'ai-je donc fait !
> J'ai dédaigné pour toi les vœux de tous nos princes ;

Je t'ai cherché moi-même au fond de tes provinces ;
J'y suis encor, malgré tes infidélités,
Et malgré tous mes Grecs honteux de mes bontés...
Je t'aimais inconstant ; qu'aurais-je fait fidèle ?
Et même en ce moment où ta bouche cruelle
Vient si tranquillement m'annoncer le trépas,
Ingrat, je doute encor si je ne t'aime pas...
Pour la dernière fois je vous parle peut-être.
Différez-le d'un jour, demain vous serez maître.
Vous ne répondez point ? Perfide, je le voi :
Tu comptes les moments que tu perds avec moi !...
Porte au pied des autels ce cœur qui m'abandonne ;
Va, cours ; mais crains encor d'y trouver Hermione.

Enfin le crime est accompli. Alors tout l'amour pour Pyrrhus se change en fureur contre Oreste :

Tais-toi, perfide,
Et n'impute qu'à toi ton lâche parricide.
Va faire chez tes Grecs admirer ta fureur,
Va : je la désavoue, et tu me fais horreur...
Mais parle : de son sort qui t'a rendu l'arbitre ?
Pourquoi l'assassiner ? Qu'a-t-il fait ? A quel titre ?
Qui te l'a dit ?

Hermione n'a plus qu'à se tuer près du cadavre de Pyrrhus.

Avec les autres personnages du drame, vrais possédés de l'amour, Andromaque forme un singulier contraste. Simple et chaste dans sa tendresse, elle n'existe que pour ses affections de famille. Le souvenir d'Hector veillera sur elle jusqu'au dernier jour. Désormais, sa seule raison d'être en ce monde, c'est son fils :

Je passais jusqu'aux lieux où l'on garde mon fils.
Puisqu'une fois le jour vous souffrez que je voie
Le seul bien qui me reste et d'Hector et de Troie,
J'allais, seigneur, pleurer un moment avec lui :
Je ne l'ai point encore embrassé d'aujourd'hui !

Pour cet enfant, échappé par miracle à tant de ruines,

elle ne rêve pas la gloire, elle ne demande qu'une retraite obscure :

> Seigneur, tant de grandeurs ne nous touchent plus guère ;
> Je les lui promettais tant qu'a vécu son père.
> Non, vous n'espérez plus de nous revoir encor,
> Sacrés murs, que n'a pu conserver mon Hector !
> A de moindres faveurs des malheureux prétendent,
> Seigneur ; c'est un exil que mes pleurs vous demandent.
> Souffrez que, loin des Grecs, et même loin de vous,
> J'aille cacher mon fils et pleurer mon époux.

Mais le destin poursuit la veuve et le fils d'Hector : la vie d'Astyanax est menacée. Pour le sauver, Andromaque se résout au plus cruel des sacrifices ; elle se résigne à aller supplier Hermione, sa rivale et son ennemie :

> Où fuyez-vous, madame ?
> N'est-ce pas à vos yeux un spectacle assez doux
> Que la veuve d'Hector pleurante à vos genoux ?...
> Ma flamme par Hector fut jadis allumée ;
> Avec lui dans la tombe elle s'est enfermée.
> Mais il me reste un fils. Vous saurez quelque jour,
> Madame, pour un fils jusqu'où va notre amour ;
> Mais vous ne saurez pas, du moins je le souhaite,
> En quel trouble mortel son intérêt nous jette.

Dans son dévouement à cet enfant tant chéri, Andromaque trouve la force de ne pas laisser voir toute sa haine au fils du meurtrier d'Hector. Elle ménage Pyrrhus, en repoussant son amour ; même elle risque, pour l'apaiser, d'innocentes et presque involontaires coquetteries :

> Vos serments m'ont tantôt juré *tant d'amitié !*
> Dieux ! ne pourrai-je au moins toucher votre pitié ?
> Sans espoir de pardon m'avez-vous condamnée ?...
> *Vous qui braviez pour moi tant de périls divers !...*
> Pardonnez à l'éclat d'une illustre fortune
> *Ce reste de fierté qui craint d'être importune.*
> Vous ne l'ignorez pas : Andromaque, *sans vous,*
> N'aurait jamais d'un maître embrassé les genoux.

Au fond, Andromaque estime Pyrrhus. Pour faire de lui le protecteur de son fils, elle accepte de l'épouser, sauf à lui échapper par la mort : donc elle croit à ses promesses et compte sur sa générosité.

Seule dans la pièce, Andromaque n'est point le jouet de la passion. Seule, elle échappe au malheur ; elle survit pour pleurer Hector et veiller sur son fils. La terrible psychologie racinienne frappe tous les autres acteurs du drame, que la fureur aveuglée de leur amour pousse à l'imprudence, au désespoir, au crime, à la folie.

De la légende d'*Iphigénie à Aulis*, comme de la fable d'Andromaque, Racine a retenu surtout l'idée essentielle, si simple et si dramatique : un homme qui sacrifie sa fille à son ambition.

Le poète indique nettement dans sa préface tout ce qu'il doit aux anciens. Il avait recueilli avec soin dans Homère et Stésichore, Eschyle et Sophocle, Euripide, Lucrèce, Ovide et Pausanias, toutes les traditions relatives à Iphigénie. Mais ici encore c'est surtout Euripide qu'il a suivi. Malgré l'analogie des situations et la ressemblance de plusieurs scènes, Racine s'est souvent écarté de son modèle. Il a supprimé beaucoup de détails familiers et charmants du texte grec, par exemple dans la conversation d'Arcas et d'Agamemnon, ou à l'arrivée du char qui amène Iphigénie et Clytemnestre. On a raison de trouver un peu trop solennel l'Agamemnon de Racine. Mais sa Clytemnestre est peut-être encore plus vivante que celle d'Euripide, et plus vraie, parce qu'elle est moins réservée. Dans le jeune premier si tendre, si empressé, si galant, on a quelque peine à reconnaître l'Achille grec, qui n'a même jamais vu Iphigénie, et qui s'irrite seulement d'apprendre qu'on ait abusé de son nom. Mais, quoi qu'on pense de cet Achille amoureux, il faut avouer qu'il rend Iphigénie plus naturelle et plus touchante. Dans Euripide, elle se résigne trop facilement à mourir, et cela pour hâter le départ des Grecs : ce qui semble bien héroïque de la part d'une jeune fille si timide. Dans Racine, elle accepte aussi la mort, mais pour une raison bien plus humaine, quand elle n'espère plus épouser Achille.

Puis, la pièce française fait intervenir deux nouveaux personnages.

Au Ménélas d'Euripide, dont la démarche intéressée ne laissait pas de choquer un peu, Racine substitue fort heureusement un autre chef. Ulysse a le droit de parler au nom des Grecs. De plus, il est fort habile homme. Il sait toucher au bon endroit l'âme d'Agamemnon : tout en lui rappelant ses promesses et ses devoirs, il s'entend à caresser son ambition. Au besoin, il parle haut :

Songez-y. Vous devez votre fille à la Grèce :
Vous nous l'avez promise.

Enfin Racine a presque créé le personnage d'Eriphile, dont le nom était à peine mentionné dans quelques auteurs anciens. On se rappelle comment se termine la pièce d'Euripide, par l'intervention d'Artémis qui substitue une biche à la fille d'Agamemnon. Ce dénouement, toujours difficile à accepter sur une scène française, était surtout inadmissible dans le système dramatique de Racine, où tout est la conclusion logique des caractères. De là l'utilité du personnage d'Eriphile. Par jalousie elle trahit Iphigénie et prévient les Grecs qu'on cherche à les jouer. Pour cette faute il est juste qu'elle soit punie : on découvre qu'elle est la victime demandée par l'oracle ; c'est elle qui est sacrifiée, ou plutôt qui se tue bravement près de l'autel. Malgré tout, ce personnage reste un peu épisodique et froid ; et ce n'est point sans peine que Racine a pu le rattacher à l'action. Ce qui sauve le rôle, c'est la sincérité de la passion d'Eriphile ; elle aime follement Achille, et ne devient méchante que par amour :

d'après Gravelot.

IPHIGÉNIE

Je le vis : son aspect n'avait rien de farouche ;
Je sentis le reproche expirer dans ma bouche ;
Je sentis contre moi mon cœur se déclarer ;
J'oubliai ma colère, et ne sus que pleurer ;
Je me laissai conduire à cet aimable guide.
Je l'aimais à Lesbos, et je l'aime en Aulide.

L'infériorité relative de quelques rôles n'empêche point que Racine n'ait égalé Euripide, par des mérites très différents. Dans la pièce française, plus encore que dans la pièce grecque, le ressort principal de l'intrigue est dans les hésitations d'Agamemnon. Au moment où commence l'action, il attend Iphigénie, qu'il a fait venir sous prétexte de célébrer son mariage avec Achille. Mais il s'est ravisé, et il charge Arcas d'arrêter en route Clytemnestre et sa fille. Arcas ne réussit point à rencontrer les deux princesses, qui bientôt arrivent au camp. Dès lors une lutte douloureuse torture l'esprit d'Agamemnon : il ne peut se décider à choisir franchement entre la vie de sa fille et l'intérêt de son ambition. Ulysse insiste, au nom des Grecs, pour que les dieux reçoivent leur victime. Jusqu'ici, du moins, Clytemnestre et Iphigénie ignoraient encore la vérité. Mais soudain éclate ce mot d'Arcas :

Il l'attend à l'autel pour la sacrifier.

C'est un terrible coup de théâtre, qui déchaîne la colère de Clytemnestre et d'Achille. Agamemnon espère se tirer d'embarras en faisant fuir sa fille. Mais Eriphile avertit les Grecs : en même temps, il est vrai, elle éclaircit pour son malheur le mystère de sa destinée, et meurt victime de ses machinations.

Par ses irrésolutions mêmes, Agamemnon semble un peu froid à la scène. Pendant tout le drame, il se débat entre l'ambition et l'amour paternel, sans réussir à prendre un parti. Il s'anime pourtant et se redresse dans la grande querelle avec Achille :

> Fuyez donc : retournez dans votre Thessalie.
> Moi-même je vous rends le serment qui vous lie.
> Assez d'autres viendront, à mes ordres soumis,
> Se couvrir des lauriers qui vous furent promis,
> Et, par d'heureux exploits forçant la destinée,
> Trouveront d'Ilion la fatale journée.
> J'entrevois vos mépris, et juge, à vos discours,
> Combien j'achèterais vos superbes secours...
> Un bienfait reproché tint toujours lieu d'offense :
> Je veux moins de valeur, et plus d'obéissance.
> Fuyez. Je ne crains point votre impuissant courroux ;
> Et je romps tous les nœuds qui m'attachent à vous.

Racine a bien rendu les traits dominants de l'Achille traditionnel. C'est le héros qui sacrifie tout à son rêve de gloire :

> Je puis choisir, dit-on, ou beaucoup d'ans sans gloire,
> Ou peu de jours suivis d'une longue mémoire.
> Mais, puisqu'il faut enfin que j'arrive au tombeau,
> Voudrais-je, de la terre inutile fardeau,
> Trop avare d'un sang reçu d'une déesse,
> Attendre chez mon père une obscure vieillesse,
> Et, toujours de la gloire évitant le sentier,
> Ne laisser aucun nom, et mourir tout entier ?

Achille est violent, emporté. Il se contient malaisément au début de son explication avec Agamemnon :

> Un bruit assez étrange est venu jusqu'à moi,
> Seigneur ; je l'ai jugé trop peu digne de foi.
> On dit, et sans horreur je ne puis le redire,
> Qu'aujourd'hui par votre ordre Iphigénie expire ;
> Que vous-même, étouffant tout sentiment humain,
> Vous l'allez à Calchas livrer de votre main.
> On dit que, sous mon nom à l'autel appelée,
> Je ne l'y conduisais que pour être immolée ;
> Et que, d'un faux hymen nous abusant tous deux,
> Vous vouliez me charger d'un emploi si honteux.
> Qu'en dites-vous, seigneur? Que faut-il que je pense ?
> Ne ferez-vous pas taire un bruit qui vous offense ?

Il repousse avec un dédain superbe les mauvaises raisons d'Agamemnon :

> Et que m'a fait à moi cette Troie où je cours ?...
> Je n'y vais que pour vous, barbare que vous êtes,
> Pour vous, à qui des Grecs moi seul je ne dois rien.

Tous ces traits du caractère d'Achille sont si bien saisis qu'on s'étonne ensuite de le trouver si galant avec Iphigénie.

Dans tout le rôle de Clytemnestre, il n'y a qu'à louer et admirer. Jamais on n'a mieux montré ce que devient l'amour-maternel dans une âme violente et impérieuse. Clytemnestre ne reculerait devant rien pour sauver sa fille. Elle ira même, l'orgueilleuse reine, jusqu'à s'humilier devant Achille :

> Une mère à vos pieds peut tomber sans rougir.

Quand elle voit le sacrifice décidé et Agamemnon inflexible, sa tendresse, ses droits de mère méconnus, le ressentiment de l'injure éclatent en cette magnifique apostrophe, vibrante de colère longtemps contenue, de désespoir, d'ironie, de menace :

> ... Cette soif de régner, que rien ne peut éteindre,
> L'orgueil de voir vingt rois vous servir et vous craindre,
> Tous les droits de l'empire en vos mains confiés;
> Cruel ! c'est à ces dieux que vous sacrifiez ;
> Et, loin de repousser le coup qu'on vous prépare,
> Vous voulez vous en faire un mérite barbare :
> Trop jaloux d'un pouvoir qu'on peut vous envier,
> De votre propre sang vous courez le payer,
> Et voulez par ce prix épouvanter l'audace
> De quiconque vous peut disputer votre place...
> Et moi, qui l'amenai triomphante, adorée,
> Je m'en retournerai seule et désespérée !
> Je verrai les chemins encor tout parfumés
> Des fleurs dont sous ses pas on les avait semés
> Non, je ne l'aurai point amenée au supplice.
> Ou vous ferez aux Grecs un double sacrifice.
> Ni crainte ni respect ne m'en peut détacher :
> De mes bras tout sanglants il faudra l'arracher.

> Aussi barbare époux qu'impitoyable père,
> Venez, si vous l'osez, la ravir à sa mère.
> Et vous, rentrez, ma fille, et du moins à mes lois
> Obéissez encor pour la dernière fois.

On pressent dans ces vers la femme qui ne pardonnera jamais à son mari, et qui un jour, en le frappant, croira venger le crime d'Aulis.

Iphigénie est une des plus charmantes jeunes filles de Racine. Elle est arrivée confiante en la joie des fiançailles, et rêvant d'Achille :

> Pour moi, depuis deux jours qu'approchant de ces lieux,
> Leur aspect souhaité se découvre à nos yeux,
> Je l'attendais partout ; et, d'un regard timide,
> Sans cesse parcourant les chemins de l'Aulide,
> Mon cœur pour le chercher volait loin devant moi,
> Et je demande Achille à tout ce que je voi.

Mais elle aime son père, et au besoin le défend contre son fiancé :

> C'est mon père, seigneur, je vous le dis encore,
> Mais un père que j'aime, un père que j'adore,
> Qui me chérit lui-même, et dont, jusqu'à ce jour,
> Je n'ai jamais reçu que des marques d'amour...
> Croyez qu'il faut aimer autant que je vous aime
> Pour avoir pu souffrir tous les noms odieux
> Dont votre amour le vient d'outrager à mes yeux.

Quand elle voit son mariage rompu, elle se résigne à mourir, elle qui naguère souriait à la vie :

>   Mon père,
> Cessez de vous troubler, vous n'êtes point trahi :
> Quand vous commanderez, vous serez obéi.
> Ma vie est votre bien ; vous voulez le reprendre :
> Vos ordres sans détour pouvaient se faire entendre.
> D'un œil aussi content, d'un cœur aussi soumis
> Que j'acceptais l'époux que vous m'aviez promis,
> Je saurai, s'il le faut, victime obéissante,

> Tendre au fer de Calchas une tête innocente ;
> Et, respectant le coup par vous-même ordonné,
> Vous rendre tout le sang que vous m'avez donné.

Dès lors, elle se sacrifie sans arrière-pensée, et pardonne à son père, et dans sa piété filiale trouve des mots d'une exquise délicatesse :

> Surtout, si vous m'aimez, par cet amour de mère,
> Ne reprochez jamais mon trépas à mon père.

Iphigénie et Clytemnestre, les belles parties des rôles d'Achille et d'Ulysse, les admirables scènes du quatrième acte : voilà de quoi placer l'*Iphigénie* française à côté du chef-d'œuvre d'Euripide.

Parmi les pièces grecques de Racine, la merveille, c'est encore *Phèdre*. Rien de plus simple dans sa donnée, rien de plus profondément humain et de plus puissant que ce drame de famille : une honnête femme amoureuse de son beau-fils.

Euripide et Sénèque avaient traité ce sujet. Racine a suivi surtout Euripide, mais avec d'heureux emprunts à Sénèque. Il a fort habilement corrigé ses deux modèles l'un par l'autre; parfois même il s'est écarté de tous deux.

Dans la tragédie d'Euripide, le personnage principal est Hippolyte. C'est un bel éphèbe, farouche et solitaire, toujours au fond des forêts, fervent adorateur d'Artémis et de la chasse. Il dédaigne tout le reste, surtout l'amour. C'est justement l'amour qui le perd : car Aphrodite a juré de punir l'insolent. Ces magnificences de la pièce grecque, ce duel grandiose des deux déesses qui symbolisent l'amour et la virginité, ces joies graves, ces chœurs de jeunes gens intrépides et chastes, cette nature sauvage qui enveloppe le drame, tout cela disparaît dans la pièce française. C'est que tout ici est sacrifié au rôle de Phèdre. Mais, à ce caractère d'honnête femme vaincue par la passion et torturée de remords, Racine donne un étonnant relief. Il s'inspire de Sénèque, quand il amène Phèdre à avouer elle-même son amour, puis à s'accuser publiquement et à proclamer l'innocence d'Hippolyte. Sur d'autres points encore, Racine modifie la donnée d'Euripide, pour augmenter la vraisemblance de l'action : il imagine la nouvelle de la mort de Thésée, qui excuse en partie la conduite de Phèdre ; par un délicat sentiment des bienséances dramatiques, il épargne à la malheureuse femme une vilenie et fait accuser Hippolyte par Œnone ; enfin il introduit dans l'action un nouveau personnage, Aricie, dont la grâce adoucit et affadit le farouche Hippolyte, mais dont la rivalité sert du moins à éveiller chez Phèdre la passion jalouse. Bons ou contestables en eux-mêmes, tous les changements que Racine apporte à la fable grecque concourent à l'effet d'ensemble et marquent bien la pensée du poète : concentrer sur Phèdre tout l'intérêt. Et de fait, on ne voit qu'elle dans le drame.

Dès les premières scènes on la connaît, avant même qu'elle n'ait paru :

> Elle meurt dans mes bras d'un mal qu'elle me cache.
> Un désordre éternel règne dans son esprit ;
> Son chagrin inquiet l'arrache de son lit ;
> Elle veut voir le jour ; et sa douleur profonde
> M'ordonne toutefois d'écarter tout le monde.

La voici, affaissée sous la passion terrible qui emporte sa raison, et qui la torture, et qui la tuera. C'est une admirable scène, imitée d'Euripide, plus admirable encore dans Racine. Phèdre traîne avec peine son corps fiévreux :

> N'allons point plus avant, demeurons, chère Œnone.
> Je ne me soutiens plus ; ma force m'abandonne ;
> Mes yeux sont éblouis du jour que je revoi ;
> Et mes genoux tremblants se dérobent sous moi...
> Que ces vains ornements, que ces voiles me pèsent !

> Quelle importune main, en formant tous ces nœuds,
> A pris soin sur mon front d'assembler mes cheveux ?
> Tout m'afflige, et me nuit, et conspire à me nuire.

Elle a voulu revoir la lumière ; elle invoque le Soleil auteur de sa race :

> Noble et brillant auteur d'une triste famille,
> Toi, dont ma mère osait se vanter d'être fille,
> Qui peut-être rougis du trouble où tu me vois,
> Soleil, je te viens voir pour la dernière fois !

Puis ses idées se brouillent, s'échappent au hasard, en paroles incohérentes :

> Dieux ! que ne suis-je assise à l'ombre des forêts !
> Quand pourrai-je, au travers d'une noble poussière
> Suivre de l'œil un char fuyant dans la carrière ?

Maintenant elle rougit de cette faiblesse où s'égare son esprit :

> Insensée ! où suis-je ? et qu'ai-je dit ?
> Où laissé-je égarer mes vœux et mon esprit ?

Elle s'arrête brisée. Sa vieille nourrice la presse de questions. Phèdre, à se défendre, use vite ce qui lui reste de forces. Enfin elle se laisse arracher son secret, cette implacable Vénus contre qui elle se débat en vain, cette fatalité qui la poursuit comme toute sa famille. Dès qu'Œnone a prononcé le nom d'Hippolyte, les souvenirs se pressent sur les lèvres de Phèdre. Au dialogue entrecoupé succède un magnifique récit :

> Je le vis, je rougis, je pâlis à sa vue ;
> Un trouble s'éleva dans mon âme éperdue ;
> Mes yeux ne voyaient plus, je ne pouvais parler ;
> Je sentis tout mon corps et transir et brûler ;
> Je reconnus Vénus et ses feux redoutables...

> De victimes moi-même à toute heure entourée,
> Je cherchais dans leurs flancs ma raison égarée...
> J'adorais Hippolyte ; et, le voyant sans cesse,
> Même au pied des autels que je faisais fumer,
> J'offrais tout à ce dieu que je n'osais nommer...
> Ce n'est plus une ardeur dans mes veines cachée:
> C'est Vénus tout entière à sa proie attachée.

Elle n'a pu retenir l'aveu fatal. Maintenant elle n'a plus qu'à mourir.

Il faudra vivre pourtant, à cause de son fils. On annonce soudain la mort de Thésée. Un devoir s'impose à Phèdre : assurer à son enfant l'héritage paternel. Hippolyte seul est en situation de lui venir en aide. Phèdre se résout donc à lui aller demander sa protection. Mais elle se trouble à la vue du jeune homme :

> J'oublie, en le voyant, ce que je viens lui dire

Elle essaie vainement de remplir sa mission. Elle ne peut se ressaisir, et son secret lui échappe en une minute d'égarement :

> On ne voit point deux fois le rivage des morts,
> Seigneur : puisque Thésée a vu les sombres bords,
> En vain vous espérez qu'un Dieu vous le renvoie ;
> Et l'avare Achéron ne lâche pas sa proie.
> Que dis-je? Il n'est point mort, puisqu'il respire en vous.
> Toujours devant mes yeux je crois voir mon époux :
> Je le vois, je lui parle ; et mon cœur... Je m'égare,
> Seigneur ; ma folle ardeur malgré moi se déclare...
> Je l'aime, non point tel que l'ont vu les enfers,
> Volage adorateur de mille objets divers,
> Qui va du dieu des morts déshonorer la couche ;
> Mais fidèle, mais fier, et même un peu farouche,
> Charmant, jeune, traînant tous les cœurs après soi,
> Tel qu'on dépeint vos dieux, ou tel que je vous voi.

Hippolyte l'écoute, insensible et méprisant. A mesure qu'elle parle, Phèdre se fait horreur à elle-même :

> Hé bien ! connais donc Phèdre et toute sa fureur :
> J'aime. Ne pense pas qu'au moment que je t'aime,
> Innocente à mes yeux, je m'approuve moi-même ;
> Ni que du fol amour qui trouble ma raison
> Ma lâche complaisance ait nourri le poison ;
> Objet infortuné des vengeances célestes,
> Je m'abhorre encor plus que tu ne me détestes.

Dans son délire, la malheureuse veut se frapper d'un coup d'épée. On l'entraîne, tandis qu'Hippolyte s'éloigne indigné. Cependant une lueur d'espoir commence à poindre dans l'âme de Phèdre : elle est veuve maintenant, et libre après tout. Qui sait si tant d'amour ne pourra triompher des froideurs d'Hippolyte ?

> *Il n'est plus temps :* il sait mes ardeurs insensées.
> De l'austère pudeur les bornes sont passées...
> Et *l'espoir* malgré moi s'est glissé dans mon cœur...
> Enfin, tous tes conseils ne sont plus de saison :
> *Sers ma fureur,* Œnone, *et non point ma raison...*

Nouveau coup de théâtre : Thésée n'est pas mort ; il approche, dans quelques instants il sera là. Meurtrie de remords et désespérée, Phèdre veut mourir pour éviter la honte qu'elle éprouverait en face de son mari. Mais Œnone est là, qui veille. Pour sauver l'honneur et la vie de sa maîtresse, la nourrice n'hésite point, elle offre de rejeter tout le crime sur Hippolyte. Phèdre refuse avec horreur. Cependant, à la vue de Thésée qui s'avance avec Hippolyte, elle se croit dénoncée ; et, hors d'elle-même, à Œnone :

> Fais ce que tu voudras, je m'abandonne à toi.
> Dans le trouble où je suis, je ne puis rien pour moi.

C'en est fait. Œnone accuse effrontément Hippolyte, et Thésée maudit son fils. Déjà Phèdre, succombant sous le remords, veut révéler la vérité ; mais, à ce moment, elle apprend l'amour d'Hippolyte pour Aricie :

> Hippolyte est sensible, et ne sent rien pour moi !

Jalouse alors, Phèdre retient son aveu; un désir de vengeance égare de nouveau sa raison :

> Que fais-je ? Où ma raison se va-t-elle égarer ?
> Moi jalouse ! et Thésée est celui que j'implore !
> Mon époux est vivant, et moi je brûle encore !
> Pour qui ? Quel est le cœur où prétendent mes vœux ?
> Chaque mot sur mon front fait dresser mes cheveux.
> Mes crimes désormais ont comblé la mesure :
> Je respire à la fois l'inceste et l'imposture ;
> Mes homicides mains, promptes à me venger,
> Dans le sang innocent brûlent de se plonger.
> Misérable ! et je vis !

Peu à peu le remords revient plus fort et plus net en l'âme de Phèdre. Sa conscience se révolte contre Œnone :

> Ainsi donc jusqu'au bout tu veux m'empoisonner,
> Malheureuse ! voilà comme tu m'as perdue.

Mais il est trop tard. Déjà les dieux ont exaucé l'imprudente malédiction de Thésée ; et Théramène vient d'achever le récit de la mort d'Hippolyte, quand paraît Phèdre mourante. Elle s'est empoisonnée ; avant d'expirer, elle vient confesser son crime :

> Les moments me sont chers ; écoutez-moi, Thésée :
> C'est moi qui sur ce fils chaste et respectueux
> Osai jeter un œil profane, incestueux.
> Le ciel mit dans mon sein une flamme funeste :
> La détestable Œnone a conduit tout le reste...
> Déjà je ne vois plus qu'à travers un nuage
> Et le ciel et l'époux que ma présence outrage ;
> Et la mort, à mes yeux dérobant la clarté,
> Rend au jour qu'ils souillaient toute sa pureté.

A côté de ce prodigieux rôle de Phèdre, les autres personnages de la tragédie semblent bien pâles et passent comme inaperçus à la représentation. Thésée est décidément trop crédule ; Théramène, trop verbeux ; Aricie, un peu monotone. A force de dévouement, Œnone serait touchante, si elle ne poussait l'effronterie jusqu'à une sorte d'inconscience. Hippolyte, à l'occasion, exprime bien son amour. Mais il est galant et tendre à l'excès ; malgré soi, on se prend à regretter l'Hippolyte d'Euripide, ce beau garçon mélancolique et dévot qui sort des taillis pour offrir à Artémis la dépouille des bêtes tuées à la chasse. En réalité, dans la tragédie de Racine, Phèdre seule nous arrête ; seule, elle est bien vivante ; mais, à elle seule, elle anime si bien le drame qu'il n'en est point de plus passionné ni de plus émouvant.

III

LES ROMAINS.

Racine peint à merveille les Romains de l'empire, plus qu'à demi conquis par les idées et les modes de la Grèce, pliés déjà sous Tibère et Caligula au joug d'un despotisme tout oriental, pourtant avec un reste de fierté nationale et d'instinct politique. On n'est point dépaysé quand de Tacite ou de Suétone on passe à *Britannicus*, même à *Bérénice*. Mais dans ces cadres fournis par la Rome impériale, ce que Racine étudie, ce sont encore des drames de la vie commune.

Le sujet de *Britannicus*, c'est le premier crime de Néron, ce premier crime qui l'affranchit de la tutelle d'Agrippine.

Pour cette tragédie, Racine reconnaît hautement tout ce qu'il doit à Tacite :

« A la vérité, j'avais travaillé sur des modèles qui m'avaient extrêmement soutenu dans la peinture que je voulais faire de la cour d'Agrippine et de Néron. J'avais copié mes personnages d'après le plus grand peintre de l'antiquité, je veux dire d'après Tacite, et j'étais alors si rempli de la lec-

ture de cet excellent historien, qu'il n'y a presque pas un trait éclatant dans ma tragédie dont il ne m'ait donné l'idée. »
(Préface de *Britannicus*.)

Sur plusieurs points cependant le drame s'écarte des données de Tacite. Racine vieillit un peu Britannicus. Il crée en grande partie les personnages de Junie, de Burrhus et de Narcisse, à peine mentionnés ou rapidement esquissés dans les *Annales*. Il atténue les vices d'Agrippine et laisse ses crimes dans l'ombre. Surtout il renouvelle la physionomie de Néron, par un trait de génie. Au théâtre, le Néron de Tacite eût paru froid : trop vertueux dans ses premières années, trop franchement scélérat plus tard, un héros d'idylle ou de mélodrame. Le poète nous explique lui-même ce que, de son Néron, il n'a point voulu faire, et ce qu'il a fait :

« Il y en a qui ont pris même le parti de Néron contre moi : ils ont dit que je le faisais trop cruel. Pour moi, je croyais que le nom seul de Néron faisait entendre quelque chose de plus que cruel...

« D'autres ont dit, au contraire, que je l'avais fait trop bon. J'avoue que je ne m'étais pas formé l'idée d'un bon homme en la personne de Néron : je l'ai toujours regardé comme un monstre. Mais c'est ici un monstre naissant. »
(Préface de *Britannicus*.)

Un monstre naissant, voilà bien le Néron de Racine. Indécis ou hypocrite jusque-là, il s'enhardit peu à peu à se déclarer : il lutte pour oser enfin être lui-même. Il n'est pas le Néron de Tacite, mais il l'annonce.

De ce caractère principal, suivant le système de Racine, sort toute l'action. Néron est impatient de rompre sa chaîne. Pour éprouver son autorité, il fait enlever Junie, la fiancée de Britannicus et la protégée d'Agrippine. Il voit sa victime et en devient amoureux. Lassé dès longtemps par les prétentions de sa mère, peut-être eût-il hésité encore : la jalousie précipite la crise, une lutte suprême s'engage en cette âme, le mal l'emporte, et Britannicus tombe empoisonné.

Ainsi tous les incidents naissent, dans l'esprit de Néron, de cette idée toujours grandissante : régner seul, repousser toute contrainte, montrer qu'il est le maître. Ce qui l'affole d'abord et l'achemine vers le crime, c'est l'ambition obstinée d'Agrippine, qui s'irrite de ne plus trouver dans l'empereur un fils obéissant. Une querelle domestique et une intrigue de palais, voilà donc le point de départ de ce drame psychologique qui est en même temps une peinture digne de Tacite, une étonnante évocation de la Rome des Césars.

Agrippine, sous Claude et pendant la minorité de Néron, a longtemps exercé le pouvoir souverain, que maintenant elle sent lui échapper et qu'elle retient désespérément. Au fond, quand elle s'efforçait d'assurer l'empire à son fils, c'est pour elle surtout qu'elle pensait travailler :

Ah ! que de la patrie il soit, s'il veut, le père :
Mais qu'il songe un peu plus qu'Agrippine est sa mère.

Elle ne supposait pas qu'un jour les ministres de Néron prétendraient la tenir à l'écart. Voyez comme elle traite Burrhus :

Prétendez-vous longtemps me cacher l'empereur ?
Ne le verrai-je plus qu'à titre d'importune ?
Ai-je donc élevé si haut votre fortune
Pour mettre une barrière entre mon fils et moi ?
Ne l'osez-vous laisser un moment sur sa foi ?
Entre Sénèque et vous disputez-vous la gloire
A qui m'effacera plus tôt de sa mémoire ?
Vous l'ai-je confié pour en faire un ingrat,
Pour être, sous son nom, les maîtres de l'État ?

Par dépit, Agrippine fait une opposition boudeuse. Elle accueille tous les mécontents, ceux-là même dont elle a causé le malheur. Elle se rapproche des partisans de Britannicus. Elle ne va pas d'abord au delà de vagues menaces :

> Il le peut. Toutefois j'ose encore lui dire
> Qu'il doit avant ce coup affermir son empire ;
> Et qu'en me réduisant à la nécessité
> D'éprouver contre lui ma faible autorité,
> Il expose la sienne ; et que dans la balance
> Mon nom peut-être aura plus de poids qu'il ne pense.

Mais bientôt, emportée par la colère, Agrippine commet imprudence sur imprudence. Sans avoir rien préparé, sans songer au fond à une lutte ouverte, elle parle de renverser Néron, de présenter Britannicus à l'armée :

> On verra d'un côté le fils d'un empereur
> Redemandant la foi jurée à sa famille,
> Et de Germanicus on entendra la fille ;
> De l'autre, l'on verra le fils d'Ænobarbus,
> Appuyé de Sénèque et du tribun Burrhus,
> Qui, tous deux de l'exil rappelés par moi-même,
> Partagent à mes yeux l'autorité suprême.
> De nos crimes communs je veux qu'on soit instruit ;
> On saura les chemins par où je l'ai conduit.
> Pour rendre sa puissance et la vôtre odieuses,
> J'avouerai les rumeurs les plus injurieuses ;
> Je confesserai tout, exils, assassinats,
> Poison même...

Agrippine oublie vite ces attitudes de conspiratrice, dès qu'elle croit pouvoir reconquérir son autorité sur Néron. Il faut la voir à l'œuvre dans la grande scène du quatrième acte. Elle a sollicité de l'empereur un entretien particulier ; mais c'est elle qui a l'air de donner audience :

> Approchez-vous, Néron, et prenez votre place.
> On veut sur vos soupçons que je vous satisfasse.
> J'ignore de quel crime on a pu me noircir :
> De tous ceux que j'ai faits je vais vous éclaircir.

d'après Gravelot.

BRITANNICUS.

Alors, complaisamment, elle rappelle à son fils tout ce qu'elle a fait pour lui. Et de tant d'intrigues, de tant de crimes peut-être, qui ont ouvert à Néron le chemin de l'empire, voici comme on la récompense :

> Du fruit de tant de soins à peine jouissant
> En avez-vous six mois paru reconnaissant,
> Que, lassé d'un respect qui vous gênait peut-être,
> Vous avez affecté de ne me plus connaître...
> Et lorsque vos mépris excitant mes murmures,
> Je vous ai demandé raison de tant d'injures
> (Seul recours d'un ingrat qui se voit confondu),
> Par de nouveaux affronts vous m'avez répondu...
> Vous attentez enfin jusqu'à ma liberté :
> Burrhus ose sur moi porter ses mains hardies.
> Et lorsque, convaincu de tant de perfidies,
> Vous deviez ne me voir que pour les expier,
> C'est vous qui m'ordonnez de me justifier.

Tous ces reproches glissent sur l'esprit distrait ou énervé de Néron. Agrippine alors essaie d'une autre tactique. Elle cherche à l'attendrir, en faisant parade de son amour maternel :

> Je n'ai qu'un fils. O ciel ! qui m'entends aujourd'hui,
> T'ai-je fait quelques vœux qui ne fussent pour lui?
> Remords, crainte, périls, rien ne m'a retenue ;
> J'ai vaincu ses mépris ; j'ai détourné ma vue
> Des malheurs qui dès lors me furent annoncés ;
> J'ai fait ce que j'ai pu : vous régnez, c'est assez.
> Avec ma liberté, que vous m'avez ravie,
> Si vous le souhaitez, prenez encor ma vie,
> Pourvu que par ma mort tout le peuple irrité
> Ne vous ravisse pas ce qui m'a tant coûté.

Néron paraît céder :

> Hé bien donc, prononcez. Que voulez-vous qu'on fasse?

A ce mot Agrippine se redresse. Elle se voit maîtresse de la situation et laisse éclater son ambition hautaine

De mes accusateurs qu'on punisse l'audace ;
Que de Britannicus on calme le courroux ;
Que Junie à son choix puisse prendre un époux ;
Qu'ils soient libres tous deux, et que Pallas demeure,
Que vous me permettiez de vous voir à toute heure ;
(Apercevant Burrhus dans le fond du théâtre.)

Que ce même Burrhus, qui nous vient écouter,
A votre porte enfin n'ose plus m'arrêter.

Elle se croit sûre maintenant de retrouver en l'empereur l'enfant docile d'autrefois. Au sortir de l'audience, elle entonne un chant de triomphe :

Il suffit, *j'ai parlé*, *tout a changé de face*...
Rome encore une fois va connaître Agrippine ;
Déjà de ma faveur on adore le bruit.

Mais c'était se relever pour tomber de plus haut. On annonce la mort de Britannicus. A cette nouvelle, Agrippine s'abandonne, comme anéantie. C'en est donc fait : Néron lui échappe, et le pouvoir ; bientôt sa vie même sera menacée :

Poursuis, Néron : avec de tels ministres
Par des faits glorieux tu te vas signaler ;
Poursuis. Tu n'as pas fait ce pas pour reculer :
Ta main a commencé par le sang de ton frère ;
Je prévois que tes coups viendront jusqu'à ta mère.
Dans le fond de ton cœur je sais que tu me hais ;
Tu voudras t'affranchir du joug de mes bienfaits.

Dans cette lutte d'ambition, Agrippine a pour alliés ses victimes d'autrefois, Britannicus et Junie.

Britannicus joue un rôle un peu effacé. Il grandit pourtant dans la scène où il défie Néron. D'ailleurs il est touchant dans la sincérité de son amour pour Junie, dans la confiance naïve qu'il accorde au traître Narcisse :

> Quoi qu'il en soit, Narcisse, on me vend tous les jours :
> Il prévoit mes desseins, il entend mes discours ;
> Comme toi, dans mon cœur il sait ce qui se passe.
> Que t'en semble, Narcisse ?

Junie aime Britannicus par pitié :

> Britannicus est seul. Quelque ennui qui le presse,
> Il ne voit dans son sort que moi qui s'intéresse,
> Et n'a pour tout plaisir, seigneur, que quelques pleurs
> Qui lui font quelquefois oublier ses malheurs.

C'est un amour mélancolique, qui toujours se croit guetté par le malheur :

> Et que sais-je ? Il y va, seigneur, de votre vie :
> Tout m'est suspect: je crains que tout ne soit séduit;
> Je crains Néron ; je crains le malheur qui me suit.

Junie est vaillante pourtant. Elle le prouve dans cette sinistre comédie d'indifférence que Néron la force de jouer devant Britannicus et que le tyran surveille derrière un rideau.

Alliés impuissants pour Agrippine, Junie et Britannicus sont pour Néron des ennemis peu redoutables. A vrai dire, leur sort n'est que l'enjeu de la lutte entre la mère et le fils.

Néron, pour sortir de tutelle, s'abandonne à sa nature, qu'il a contenue longtemps, et entre dans la voie du crime. Il veut en finir avec les prétentions de l'impérieuse Agrippine, avec la gêne du devoir et de l'opinion. Ce qui l'arrête encore, c'est qu'il a peur de sa mère :

> Eloigné de ses yeux, j'ordonne, je menace,
> J'écoute vos conseils, j'ose les approuver ;
> Je m'excite contre elle, et tâche à la braver :
> Mais, je t'expose ici mon âme toute nue,
> Sitôt que mon malheur me ramène à sa vue...,
> Mon génie étonné tremble devant le sien.

Il s'enhardit cependant et défie Agrippine en enlevant Junie. Mais soudain pour sa captive il éprouve un caprice passionné :

>.....Excité d'un désir curieux,
> Cette nuit je l'ai vue arriver en ces lieux,
> Triste, levant au ciel ses yeux mouillés de larmes,
> Qui brillaient au travers des flambeaux et des armes :
> Belle, sans ornements, dans le simple appareil
> D'une beauté qu'on vient d'arracher au sommeil.
> Que veux-tu ? Je ne sais si cette négligence,
> Les ombres, les flambeaux, les cris et le silence,
> Et le farouche aspect de ses fiers ravisseurs,
> Relevaient de ses yeux les timides douceurs.
> Quoiqu'il en soit, ravi d'une si belle vue,
> J'ai voulu lui parler, et ma voix s'est perdue :
> Immobile, saisi d'un long étonnement,
> Je l'ai laissé passer dans son appartement.
> J'ai passé dans le mien. C'est là que, solitaire,
> De son image en vain j'ai voulu me distraire.
> Trop présente à mes yeux, je croyais lui parler ;
> J'aimais jusqu'à ses pleurs que je faisais couler.

Dès lors Néron est jaloux de Britannicus, le fiancé de Junie. La jalousie lui donne de l'audace. Il ose regarder Agrippine sans trembler. Dans la grande scène où elle énumère ses bienfaits, il cache mal son impatience :

> Je me souviens toujours que je vous dois l'empire,
> Et, sans vous fatiguer du soin de le redire,
> Votre bonté, madame, avec tranquillité
> Pouvait se reposer sur ma fidélité.

Pourtant, cette fois encore, il a l'air de s'incliner. Agrippine sort triomphante, tandis que derrière elle se démasque le vrai Néron :

> Elle se hâte trop, Burrhus, de triompher :
> J'embrasse mon rival, mais c'est pour l'étouffer.

Ces deux vers sont comme un coup de théâtre. C'est

que nous touchons à la crise : une lutte décisive va se livrer entre les bons et les mauvais instincts de Néron, entre Burrhus et Narcisse.

Burrhus est une belle figure d'honnête homme, loyal et un peu raide, égaré à la cour de Néron. A l'empereur il ne marchande pas son dévouement ; il n'hésite pas à le justifier en face d'Agrippine :

> Vous m'avez de César confié la jeunesse,
> Je l'avoue, et je dois m'en souvenir sans cesse.
> Mais vous avais-je fait serment de le trahir,
> D'en faire un empereur qui ne sût qu'obéir?

Mais Burrhus est incapable de flatterie. Même au prince il ne sait pas cacher la vérité. Il n'admet pas que le maître du monde n'ait point l'énergie de dominer ses passions :

> Croyez-moi, quelque amour qui semble vous charmer,
> On n'aime point, seigneur, si l'on ne veut aimer.

Il supplie Néron de persévérer dans le bien, et même, en politique avisé, il lui montre les avantages de la vertu. Le plus bel éloge de Burrhus est dans cet aveu de Néron :

> J'ai promis à Burrhus, il a fallu me rendre.
> Je ne veux point encore, en lui manquant de foi,
> Donner à sa vertu des armes contre moi.
> J'oppose à ses raisons un courage inutile :
> Je ne l'écoute point avec un cœur tranquille.

A force d'éloquence et d'honnêteté, Burrhus un instant réussit à arrêter Néron.

Mais, au moment où sort Burrhus, voici qu'entre Narcisse. Vil et rampant, puissant par sa bassesse, inconscient, incapable d'une bonne pensée, né pour le mal, parmi les affranchis de la Rome impériale c'est le plus habile et le plus scélérat. Homme de confiance d'Agrippine qu'il trahit, gouverneur et confident de

Britannicus qu'il espionne et qu'il empoisonnera, c'est le complice désigné de toutes les perfidies, l'initiateur et l'exécuteur des crimes, l'âme damnée de Néron. Il manie à volonté l'esprit mobile et faible, l'instinct mauvais, orgueilleux et jaloux, du maître. Il devine et flatte ses pensées les plus secrètes. Il réveille, pour les surexciter l'un après l'autre, tous ses vilains sentiments. Et d'abord la peur :

> Les dieux de ce dessein puissent-ils le distraire !
> Mais peut-être il fera ce que vous n'osez faire.

Puis la jalousie :

> Et l'hymen de Junie en est-il le lien ?
> Seigneur, lui faites-vous encor ce sacrifice ?

L'ingratitude et l'instinct de révolte :

> Agrippine, seigneur, se l'était bien promis :
> Elle a repris sur vous son souverain empire.

Néron commence à faiblir :

> Mais, Narcisse, dis-moi, que veux-tu que je fasse ?

Désormais Narcisse tient sa proie. Il va dicter à Néron sa conduite, non sans une précaution oratoire, bien faite pour rassurer la lâcheté du tyran : le maître du monde peut impunément suivre sa fantaisie, il n'a rien à redouter de la bassesse des Romains :

> Mais, seigneur, les Romains ne vous sont pas connus.
> Non, non, dans leurs discours ils sont plus retenus.
> Tant de précaution affaiblit votre règne.
> Ils croiront, en effet, mériter qu'on les craigne.
> Au joug, depuis longtemps, ils se sont façonnés ;
> Ils adorent la main qui les tient enchaînés.
> Vous les verrez toujours ardents à vous complaire.

Enfin voici le mot décisif, qui s'enfonce au plus profond de l'âme de Néron : le temps de la tutelle est passé, il faut s'affranchir sans retour possible, il faut par un coup hardi prouver à tous qu'on est et qu'on restera le maître :

> Burrhus ne pense pas, seigneur, tout ce qu'il dit :
> Son adroite vertu ménage son crédit.
> Ou plutôt ils n'ont tous qu'une même pensée :
> Ils verraient par ce coup leur puissance abaissée :
> Vous seriez libre alors, seigneur ; et devant vous
> Ces maîtres orgueilleux fléchiraient comme nous.
> Quoi donc ! ignorez-vous tout ce qu'ils osent dire ?....
> Ah ! ne voulez-vous pas les forcer à se taire ?

Néron est vaincu :

> Viens, Narcisse ; allons voir ce que nous devons faire.

Plus de doute maintenant. Le dénouement est proche, et déjà est né le Néron de l'histoire.

Après la Rome des derniers Césars, en proie aux affranchis et aux tyrans, voici la Rome honnête et sérieuse des premiers Flaviens, qui annonce déjà la Rome des Antonins. Titus, devenu empereur, rompt avec sa maîtresse, une étrangère que les lois lui défendent d'épouser : voilà toute la tragédie de *Bérénice*.

Racine a trouvé l'indication du sujet dans quelques lignes de Suétone.

La donnée était assez vulgaire. Pendant sa campagne de Palestine, Titus s'était lié avec Bérénice, fille d'un roi de Judée, et déjà veuve de deux ou trois maris. La liaison durait depuis dix ans, quand Vespasien vint à mourir. Titus, élu empereur et désireux de ménager l'opinion publique, se décide à congédier sa maîtresse : Bérénice avait quarante ans lorsqu'elle vit pour la première fois Titus, cinquante ans lorsqu'elle retourna dans son pays.

Cette anecdote ne paraissait guère convenir à la

scène. Mais Racine, par quelques changements très simples et fort habiles, a transformé la donnée. On peut s'intéresser à sa Bérénice, car c'est encore une jeune femme. Titus l'aime depuis cinq ans, et voudrait sincèrement l'épouser. C'est le Sénat qui repousse formellement une impératrice étrangère. Titus, après beaucoup d'hésitation, parle de se tuer : pour sauver la vie et assurer le règne de l'homme qu'elle aime, Bérénice se résigne et part. Entre les deux amants, Racine place un troisième personnage, un roi de Commagène, Antiochus, dont le moindre tort est de jouer dans la pièce un rôle épisodique, et qui depuis longtemps adore Bérénice sans être payé de retour.

Si l'on considère l'ensemble de l'œuvre, il faut reconnaître que *Bérénice* est bien inférieure à toutes les autres tragédies de Racine. On ne doit pas oublier d'ailleurs que ce sujet n'a pas été choisi librement : il a été proposé au poète par une princesse dont le moindre désir était un ordre. A vrai dire, il n'y avait pas là les éléments d'un drame. Mais Racine en a pris aisément son parti. On voit par sa préface qu'il n'a pas été rebuté par l'extrême simplicité du sujet ; il a saisi cette occasion de prouver, comme il disait, qu'il savait faire quelque chose de rien. Et il n'a pas, comme Corneille dans *Tite et Bérénice*, imaginé d'autres intrigues entre-croisées. Comme toujours, il a simplement fait sortir l'action des caractères.

Tout dans la pièce dépend des hésitations de Titus. Comme il n'ose pas déclarer lui-même la vérité à Bérénice, il charge Antiochus de la démarche. Mais Bérénice, confiante dans l'amour et les promesses de Titus, ne veut pas croire Antiochus. Il faut que l'empereur vienne lui-même signifier sa résolution. Alors Bérénice s'en va pour toujours.

Voilà tout, et il faut avouer que c'est trop peu. Malgré l'habileté du poète, il n'y avait pas là de quoi remplir cinq actes. Ces cinq actes, voilà le grand défaut de la pièce. Tous les autres défauts viennent de là, les lenteurs, la froideur des conversations épisodiques, la répétition des mêmes scènes : quand Bérénice et Titus se retrouvent, rien n'est changé, ils n'ont rien de nouveau à se dire.

Malgré cela, cette tragédie renferme des beautés de premier ordre. L'art prestigieux de Racine a su faire applaudir au théâtre cette interminable élégie. On y rencontre en foule des vers délicieux, et le rôle de Bérénice est l'une des plus délicates créations du poète.

Antiochus est mal rattaché à l'action. Aussi paraît-il souvent froid et monotone. Pourtant il avoue son amour avec bien de la grâce :

> Titus, pour mon malheur, vint, vous vit, et vous plut.
> Rome vous vit, madame, arriver avec lui.
> Dans l'Orient désert quel devint mon ennui !
> Je demeurai longtemps errant dans Césarée,
> Lieux charmants où mon cœur vous avait adorée.
> Je vous redemandais à vos tristes Etats ;
> Je cherchais en pleurant les traces de vos pas.

Titus est peu intéressant, comme tous les irrésolus. Sa situation est délicate, il est vrai :

> ...Plaignez ma grandeur importune :
> Maître de l'univers, je règle sa fortune ;
> Je puis faire les rois, je puis les déposer ;
> Cependant de mon cœur je ne puis disposer.

C'est un politique, qui raisonne et discute jusque dans la passion la plus sincère. Mais il a vraiment trop de peine à prendre un parti :

> Je suis venu vers vous sans savoir mon dessein :
> Mon amour m'entraînait ; et je venais peut-être
> Pour me chercher moi-même, et pour me reconnaître.

Ce qui excuse Titus, ce sont des vers comme ceux-ci :

> Je connais Bérénice, et ne sais que trop bien
> Que son cœur n'a jamais demandé que le mien...

> Elle passe ses jours, Paulin, sans rien prétendre
> Que quelque heure à me voir, et le reste à m'attendre.
> Encor, si quelquefois un peu moins assidu
> Je passe le moment où je suis attendu,
> Je la revois bientôt de pleurs toute trempée :
> Ma main à les sécher est longtemps occupée....
> Depuis cinq ans entiers chaque jour je la vois,
> Et crois toujours la voir pour la première fois.

Bérénice est la femme d'Orient, fine et passionnée, pour qui rien n'existe hors de son amour. On la connaît dès les premiers mots qu'elle prononce :

> Enfin je me dérobe à la joie importune
> De tant d'amis nouveaux que me fait la fortune ;
> Je fuis de leurs respects l'inutile longueur,
> Pour chercher un ami qui me parle du cœur.

Ce qu'elle aime en Titus, ce n'est pas l'empereur, c'est l'homme :

> Jugez de ma douleur, moi dont l'ardeur extrême,
> Je vous l'ai dit cent fois, n'aime en lui que lui-même ;
> Moi qui, loin des grandeurs dont il est revêtu,
> Aurais choisi son cœur, et cherché sa vertu.

Peu lui importe tout le reste :

> De quel soin votre amour va-t-il s'importuner ?
> N'a-t-il que des Etats qu'il me puisse donner ?
> Depuis quand croyez-vous que ma grandeur me touche ?
> Un soupir, un regard, un mot de votre bouche,
> Voilà l'ambition d'un cœur comme le mien :
> Voyez-moi plus souvent, et ne me donnez rien.

Elle a cru aux promesses de Titus :

> Qu'avez-vous fait ? Hélas ! je me suis crue aimée ;
> Au plaisir de vous voir mon âme accoutumée
> Ne vit plus que pour vous. Ignoriez-vous vos lois,
> Quand je vous l'avouai pour la première fois ?...
> Il était temps encor : que ne me quittiez-vous ?

> Mille raisons alors consolaient ma misère :
> Je pouvais de ma mort accuser votre père,
> Le peuple, le sénat, tout l'empire romain,
> Tout l'univers, plutôt qu'une si chère main.

Elle est certaine pourtant d'être aimée : c'est sa consolation, et ce sera sa vengeance :

> Si je forme des vœux contre votre injustice,
> Si, devant que mourir, la triste Bérénice
> Vous veut de son trépas laisser quelque vengeur,
> Je ne le cherche, ingrat, qu'au fond de votre cœur.
> Je sais que tant d'amour n'en peut être effacée ;
> Que ma douleur présente, et ma bonté passée,
> Mon sang, qu'en ce palais je veux même verser,
> Sont autant d'ennemis que je vais vous laisser :
> Et, sans me repentir de ma persévérance,
> Je me remets sur eux de toute ma vengeance.

Elle sent d'avance toutes les douleurs de la séparation :

> Je n'écoute plus rien : et, pour jamais, adieu...
> Pour jamais ! Ah ! seigneur, songez-vous en vous-même
> Combien ce mot cruel est affreux quand on aime ?
> Dans un mois, dans un an, comment souffrirons-nous,
> Seigneur, que tant de mers me séparent de vous,
> Que le jour recommence et que le jour finisse,
> Sans que jamais Titus puisse voir Bérénice,
> Sans que de tout le jour, je puisse voir Titus ?

Elle réussit enfin à dominer son désespoir. Tandis que Titus et Antiochus parlent de se tuer et ne se tuent pas, Bérénice s'en va avec beaucoup de simplicité et de dignité :

> J'aimais, seigneur, j'aimais, je voulais être aimée...
> Je crois, depuis cinq ans jusqu'à ce dernier jour,
> Vous avoir assuré d'un véritable amour.
> Ce n'est pas tout : je veux, en ce moment funeste,
> Par un dernier effort couronner tout le reste :
> Je vivrai, je suivrai vos ordres absolus.
> Adieu, seigneur, régnez : je ne vous verrai plus.

Ce rôle de Bérénice, c'est réellement toute la pièce : malgré tous les défauts du drame, il suffit à rendre délicieuse à la lecture, et toujours supportable à la scène, cette longue, trop longue élégie.

IV

LES ORIENTAUX.

Bajazet et *Mithridate* nous transportent en plein Orient. On s'en aperçoit vite à certains traits de civilisation qui n'ont point changé depuis trois ou quatre mille ans. Evidemment, pas plus ici que pour les autres pièces de Racine, il ne faut s'attendre à trouver dans le décor ou le costume cette exactitude matérielle, cette couleur locale dont on s'est avisé dans notre siècle et dont la mode commence à passer. Mais ce qui est bien oriental dans *Bajazet*, dans *Mithridate*, c'est, pour les mœurs, les caprices du despotisme, la réclusion des femmes, le goût de l'intrigue, le mépris de la vie humaine, les grandes tueries, et, pour les caractères, un mélange très curieux, et très vrai, de ruse, de calcul et de passion sans frein. A vrai dire, ces deux tragédies sont deux intrigues de sérail, l'une dans l'antiquité, l'autre dans les temps modernes.

Le sujet de *Mithridate* est la rivalité amoureuse de Mithridate avec ses fils, et la mort du héros vaincu par les Romains.

Racine, dans sa préface, déclare qu'il a suivi très exactement l'histoire, et indique ses sources : Dion Cassius, Appien, Florus, surtout Plutarque.

Aux récits des historiens de l'antiquité le poète a cependant fait quelques changements pour les besoins du drame. Il modifie la tradition relative à Xipharès dont il prolonge beaucoup la vie. Il fait des deux fils de Mithridate, Xipharès et Pharnace, les rivaux de leur père, en les rendant tous deux amoureux de Monime, la future sultane. Ces inventions du poète n'empêchent point qu'il n'ait, comme il le dit, respecté l'histoire. Pour les traits essentiels, il se conforme exactement au témoignage des auteurs anciens ; et ce qu'il ajoute, sauf pour quelques détails secondaires, ne choque point la vraisemblance. Ce qu'il a voulu peindre, c'est le dernier épisode de la lutte contre les Romains, compliqué d'un amour de sérail. Le poète a bien compris son héros, ce despote à demi grec, à demi perse, grand par l'énergie de sa haine contre Rome, mais toujours occupé de quelque amour, toujours violent, jaloux, capricieux, rusé, sanguinaire. C'est bien la physionomie du vrai Mithridate, telle qu'on la peut reconstituer de nos jours (1).

Dans la conduite de l'action, Racine conserve naturellement les quelques incidents fournis par l'histoire : Mithridate en fuite sème le bruit de sa mort et se rend au Bosphore Cimmérien ; au moment où il prépare une grande expédition en Italie, il est trahi par son fils Pharnace qui soulève l'armée et appelle les Romains; pendant l'émeute, le héros craint d'être pris et se frappe d'un coup mortel. Telles sont dans la tragédie les données historiques. Tous les autres incidents sont causés par le caractère jaloux et soupçonneux de Mithridate. Ses deux fils, à la nouvelle de sa mort, ont déclaré leur amour à Monime. Aussi le retour du héros produit un coup de théâtre. Tout en préparant son expédition, Mithridate songe à épouser Monime et observe l'attitude de ceux qui l'entourent. Il se défie surtout de Pharnace, qui, se croyant dénoncé, pare le coup en dénonçant lui-même son frère. Mithridate s'assure de la vérité en tendant un piège à Monime. Xipharès est menacé du supplice, quand éclate la révolte ; il dompte les rebelles et réussit même

(1) Voyez Th. Reinach, *Mithridate Eupator, roi de Pont*. Firmin-Didot, 1890.

à repousser les Romains. Mithridate mourant lui pardonne et lui cède Monime.

Des personnages du drame, un seul est peu intéressant : c'est justement Xipharès. Il est trop doux, trop galant, trop parfait. A la scène, c'est un grave défaut que de n'en pas avoir.

Pharnace, au contraire, est bien vivant. C'est un curieux type de traître ambitieux, hautain et fourbe. Pour s'assurer un royaume, il n'hésite pas à s'entendre avec les Romains contre son père et son frère. Du moins il est sincère dans son amour impérieux pour Monime :

> Jusques à quand, madame, attendrez-vous mon père ?...
> Maître de cet Etat que mon père me laisse,
> Madame. c'est à moi d'accomplir sa promesse.
> Mais il faut, croyez-moi, sans attendre plus tard,
> Ainsi que notre hymen presser notre départ :
> Nos intérêts communs et mon cœur le demandent.
> Prêts à vous recevoir, mes vaisseaux vous attendent ;
> Et du pied de l'autel vous y pouvez monter,
> Souveraine des mers qui vous doivent porter.

Monime est exquise. Pure jeune fille d'Ionie, elle a, sans le vouloir, inspiré une folle passion au vieux Mithridate. Ses parents ont disposé d'elle ; il a fallu se résigner :

> Ce fut pour ma famille une suprême loi :
> Il fallut obéir. Esclave couronnée,
> Je partis pour l'hymen où j'étais destinée.

Soumise et triste, elle a conservé jusque dans le sérail ses vertus et ses grâces naïves. Elle est décidée à subir son destin : elle sera, puisqu'il le faut, la sultane favorite de Mithridate. Mais voilà qu'un événement inattendu lui rend tout à coup l'espérance : on dit que le héros est mort. Monime redevient libre de son cœur, qu'elle peut désormais, et sans remords, écouter parler. Pourtant un nouveau danger la menace, l'amour d'un homme qu'elle hait. Elle repousse Pharnace avec horreur, lui, l'allié de ces Romains qui lui ont tué son père :

> Je ne puis point à Rome opposer une armée....
> ..... Tout ce que je puis faire,
> C'est de garder la foi que je dois à mon père,
> De ne point dans son sang aller tremper mes mains
> En épousant en vous l'allié des Romains.

Comme Pharnace prétend l'épouser de force, Monime cherche protection autour d'elle. D'instinct elle s'adresse à Xipharès. Celui-ci promet de la défendre, et peu à peu se déclare à son tour : il aime Monime depuis bien longtemps, depuis l'époque où pour la première fois il l'a vue en Ionie ; mais il l'aime d'un amour délicat et respectueux. Il la protègera, mais elle sera libre de disposer d'elle-même. Monime l'écoute avec un curieux mélange de joie et de pudeur effarouchée : un rayon de bonheur brille dans ses yeux et va éclairer sa vie. Elle aussi, et depuis longtemps, aimait Xipharès ; et elle avait en vain tâché de l'oublier depuis que ses parents l'avaient donnée à Mithridate. Elle se tait pourtant, ou tâche de se taire ; elle veut renfermer encore son secret en elle-même, avec une sorte d'effroi de l'avenir. Elle a tant souffert déjà qu'elle doute du bonheur.

Ses pressentiments avaient raison. Mithridate vit encore, le voici qui s'approche, toujours obstiné dans sa haine des Romains et dans son amour pour la jeune Grecque. Il a des droits sur elle. Monime obéira donc ; elle renoncera à son rêve, et suivra le vieux héros à l'autel. En vain Xipharès lui arrache l'aveu de son amour; elle ne parle que pour lui ordonner de l'oublier :

> Ah ! par quel soin cruel le ciel avait-il joint
> Deux cœurs que l'un pour l'autre il ne destinait point!

> Car, quel que soit vers vous le penchant qui m'attire,
> Je vous le dis, seigneur, pour ne plus vous le dire,
> Ma gloire me rappelle et m'entraîne à l'autel,
> Où je vais vous jurer un silence éternel.

Comme elle se sent trop faible contre lui et qu'elle le sait généreux, elle le supplie de lui venir encore en aide, cette fois en l'évitant :

> Plus je vous parle, et plus, trop faible que je suis,
> Je cherche à prolonger le péril que je fuis.
> Il faut pourtant, il faut se faire violence ;
> Et, sans perdre en adieux un reste de constance,
> Je fuis. Souvenez-vous, prince, de m'éviter ;
> Et méritez les pleurs que vous m'allez coûter.

Sincère comme elle est, Monime est facilement dupe de la ruse de Mithridate. Quand on lui parle d'épouser Xipharès, elle se défend mal contre la joie et trahit son secret. Mais alors la douce, la timide jeune fille ose, avec une indignation éloquente, reprocher au héros cet artifice indigne de lui :

> Vous seul, seigneur, vous seul, vous m'avez arrachée
> A cette obéissance où j'étais attachée ;
> Et ce fatal amour dont j'avais triomphé,
> Ce feu que dans l'oubli je croyais étouffé,
> Dont la cause à jamais s'éloignait de ma vue,
> Vos détours l'ont surpris, et m'en ont convaincue.
> Je vous l'ai confessé, je le dois soutenir.

Elle lui tient tête hardiment et déclare qu'après cette injure elle ne saurait l'épouser. La trahison de Pharnace, l'attaque subite des Romains retardent la vengeance de Mithridate. Quand on annonce que Xipharès est mort dans la mêlée, Monime veut en finir avec la vie. Elle cherche en vain à s'étrangler, quand arrive du poison envoyé par Mithridate. Monime fait bon visage à la mort. Mais soudain accourt un officier du roi, qui arrache des mains de la jeune fille la coupe empoisonnée : Xipharès vit encore, et Monime vivra pour lui.

Mithridate est frappant de vérité. Racine marque admirablement les deux grands traits de ce caractère : l'ennemi de Rome, le despote oriental.

D'abord l'ennemi de Rome, jamais désespéré, imposant jusque dans sa défaite. On le reconnaît dès ses premières paroles :

> Enfin, après un an, tu me revois, Arbate,
> Non plus, comme autrefois, cet heureux Mithridate
> Qui, de Rome toujours balançant le destin,
> Tenait entre elle et moi l'univers incertain.
> Je suis vaincu.

A peine arrivé, il se prépare à recommencer la guerre, avec plus de hardiesse que jamais. Il expose à ses fils le plan de sa campagne contre Rome :

> Approchez, mes enfants. Enfin l'heure est venue
> Qu'il faut que mon secret éclate à votre vue.
> A mes nobles projets je vois tout conspirer ;
> Il ne me reste plus qu'à vous les déclarer.
> Je fuis : ainsi le veut la fortune ennemie.
> Mais vous savez trop bien l'histoire de ma vie
> Pour croire que longtemps, soigneux de me cacher,
> J'attende en ces déserts qu'on me vienne chercher...
> C'est à Rome, mes fils, que je prétends marcher.
> Ce dessein vous surprend ; et vous croyez peut-être
> Que le seul désespoir aujourd'hui le fait naître.
> J'excuse votre erreur ; et pour être approuvés,
> De semblables projets veulent être achevés.
> Ne vous figurez point que de cette contrée
> Par d'éternels remparts Rome soit séparée.
> Je sais tous les chemins par où je dois passer ;
> Et, si la mort bientôt ne me vient traverser,
> Sans reculer plus loin l'effet de ma parole,
> Je vous rends dans trois mois au pied du Capitole....
> Marchons ; et dans son sein rejetons cette guerre
> Que sa fureur envoie aux deux bouts de la terre.
> Attaquons dans leurs murs ces conquérants si fiers ;
> Qu'ils tremblent, à leur tour, pour leurs propres foyers.

> Annibal l'a prédit, croyons-en ce grand homme,
> Jamais on ne vaincra les Romains que dans Rome.
> Noyons-la dans son sang justement répandu.
> Brûlons ce Capitole où j'étais attendu.
> Détruisons ses honneurs, et faisons disparaître
> La honte de cent rois, et la mienne peut-être.

Quand les Romains débarquent à l'improviste, Mithridate se frappe pour leur échapper. En mourant, il a du moins la consolation de voir fuir l'ennemi :

> J'ai vengé l'univers autant que je l'ai pu :
> La mort dans ce projet m'a seule interrompu.
> Ennemi des Romains et de la tyrannie,
> Je n'ai point de leur joug subi l'ignominie ;
> Et j'ose me flatter qu'entre les noms fameux
> Qu'une pareille haine a signalés contre eux,
> Nul ne leur a plus fait acheter la victoire,
> Ni de jours malheureux plus rempli leur histoire.
> Le ciel n'a pas voulu qu'achevant mon dessein
> Rome en cendre me vît expirer dans son sein.
> Mais au moins quelque joie en mourant me console :
> J'expire environné d'ennemis que j'immole ;
> Dans leur sang odieux j'ai pu tremper mes mains,
> Et mes derniers regards ont vu fuir les Romains.

Voici ensuite le despote oriental, défiant, soupçonneux, cruel, qui ne connaît aucun frein à ses passions.

Au milieu de ces guerres terribles, il est resté l'amoureux obstiné que nous a peint Plutarque. Il s'irrite du froid accueil de Monime. Il se croit méprisé à cause de sa défaite :

> Faut-il que désormais, renonçant à vous plaire,
> Je ne prétende plus qu'à vous tyranniser ?
> Mes malheurs, en un mot, me font-ils mépriser ?
> Ah ! pour tenter encor de nouvelles conquêtes,
> Quand je ne verrais pas des routes toutes prêtes,
> Quand le sort ennemi m'aurait jeté plus bas,
> Vaincu, persécuté, sans secours, sans États,
> Errant de mers en mers, et moins roi que pirate,
> Conservant pour tous biens le nom de Mithridate,

d'après Gravelot.

MITHRIDATE.

Apprenez que, suivi d'un nom si glorieux,
Partout de l'univers j'attacherais les yeux ;
Et qu'il n'est point de rois, s'ils sont dignes de l'être,
Qui, sur le trône assis, n'enviassent peut-être
Au-dessus de leur gloire un naufrage élevé,
Que Rome et quarante ans ont à peine achevé.

Il a résolu d'épouser Monime le jour même. Etonné de sa tristesse résignée, il soupçonne ses fils et tout le monde de le trahir. Dans son inquiétude jalouse, il recourt à la ruse. Quand Monime a parlé, il prépare une vengeance terrible : sa cruauté n'épargnera pas son fils préféré, et c'est au milieu même de sa lutte contre les Romains qu'il envoie à Monime le poison.

Sa colère ne s'apaisera, ou ne semblera s'apaiser, qu'en face de la mort. Ce n'est point qu'alors il éprouve un regret; et cette fin du héros n'est point si chrétienne qu'on l'a dit. Seulement sa haine contre Rome est plus forte que sa colère amoureuse. Il va mourir : Xipharès seul peut le remplacer, et Xipharès ne survivrait pas à Monime. C'est par un effort suprême de haine que Mithridate est amené à pardonner, même à unir les deux amants. Cette belle scène est la conséquence logique de tout le caractère de Mithridate : le despote sacrifie ses rancunes jalouses à l'ennemi de Rome.

Avant de s'attaquer à cette grande figure orientale de l'antiquité, Racine s'était comme fait la main en transportant sur la scène française les Orientaux de son temps. *Bajazet* et *Mithridate* procèdent de la même inspiration: les deux pièces ont été composées à la même époque, à peine un an d'intervalle ; elles se complètent et s'expliquent l'une l'autre. Racine n'eût peut-être point écrit *Bajazet*, s'il n'eût déjà songé à *Mithridate*.

Le poète nous raconte lui-même dans sa préface comment lui vint l'idée de sa tragédie turque :

« C'est une aventure arrivée dans le sérail, il n'y a pas plus de trente ans. M. le comte de Cézy était alors ambassadeur à Constantinople. Il fut instruit de toutes les particularités de la mort de Bajazet ; et il y a quantité de personnes à la cour qui se souviennent de les lui avoir entendu conter lorsqu'il fut de retour en France. M. le chevalier de Nantouillet est du nombre de ces personnes, et c'est à lui que je suis redevable de cette histoire, et même du dessein que j'ai pris d'en former une tragédie. »

Cette aventure avait déjà tenté un auteur français. Segrais, dès 1657, en avait tiré une de ses nouvelles, *Floridon ou l'Amour imprudent*. Mais il est probable que Racine n'a pas connu ce conte : il n'en parle point, et aucun de ses contemporains, à notre connaissance, n'a signalé ce rapprochement, pas même Segrais, qui pourtant assistait à la première représentation. Tout porte à croire que la tragédie, comme la nouvelle, est tirée directement du récit de l'ancien ambassadeur de France en Turquie.

Le sujet de *Bajazet*, c'était donc presque de l'histoire contemporaine : une intrigue du sérail de Constantinople, où périt Bajazet en 1638. Le complot est dirigé par le grand vizir Acomat et par Roxane, la sultane favorite, qui veulent profiter de l'absence du sultan pour le détrôner et mettre à sa place son frère Bajazet. Roxane aime ce jeune prince et veut lui donner le pouvoir, mais à condition qu'il l'épouse. Bajazet refuse de quitter Atalide, qu'il aime, pour Roxane, qu'il n'aime pas. La sultane, pour se venger, le fait mettre à mort, et est frappée elle-même par un émissaire du sultan.

Racine fait remarquer dans sa préface qu'il s'est efforcé d'observer les mœurs turques :

« La principale chose à quoi je me suis attaché, ç'a été de ne rien changer ni aux mœurs ni aux coutumes de la nation; et j'ai pris soin de ne rien avancer qui ne fût conforme à l'histoire des Turcs et à la nouvelle Relation de l'empire ottoman, que l'on a traduite de l'anglais. »

Cependant Donneau de Visé et d'autres s'avisèrent de contester l'exactitude du poète, même l'existence de Bajazet. Racine répondit dans une seconde préface, qui ut publiée quelques années plus tard ; il donna cette fois une dissertation en règle sur l'histoire et les mœurs de la Turquie. Il disait, par exemple :

« Il me semble qu'il suffit de dire que la scène est dans le sérail. En effet, y a-t-il une cour au monde où la jalousie et l'amour doivent être si bien connus que dans un lieu où tant de rivales sont enfermées ensemble, et où toutes ces femmes n'ont point d'autre étude, dans une éternelle oisiveté, que d'apprendre à plaire et à se faire aimer ? Les hommes vraisemblablement n'y aiment pas avec la même délicatesse. Aussi ai-je pris soin de mettre une grande différence entre la passion de Bajazet et les tendresses de ses amantes. Il garde, au milieu de son amour, la férocité de la nation. Et si l'on trouve étrange qu'il consente plutôt de mourir que d'abandonner ce qu'il aime et d'épouser ce qu'il n'aime pas, il ne faut que lire l'histoire des Turcs ; on verra partout le mépris qu'ils font de la vie ; on verra en plusieurs endroits à quels excès ils portent les passions. »

Racine a raison, et l'on trouve dans sa pièce une curieuse peinture des mœurs de l'Orient. D'abord il a fort habilement inséré dans le dialogue une foule de détails très caractéristiques. Les allusions fréquentes à Soliman et Roxelane, la *porte des nouveaux sultans*, la *loi du sérail*, l'*étendard du prophète*, ces gardes qui surveillent tous les pas de Bajazet, ces murs qui ont des oreilles, le *nègre* Orcan, le *lacet* des étranglements, le conseil des *ulémas*, les *muets*, les *janissaires* : voilà presque de la couleur locale. Mais ce n'est pas tout. En réalité, rien de plus oriental, de plus turc, que l'action et les caractères : ce complot de sérail où personne ne songe à l'intérêt public, cette conspiration d'un grand vizir et d'une sultane, cette terrible étiquette qui sous peine de mort empêche Roxane de s'entretenir librement avec Bajazet et d'où sort le malentendu, cet amour tout sensuel de la sultane, cette duplicité de tous les autres personnages, ce dédain de la mort, cette *grande tuerie* qui faisait se récrier Mme de Sévigné.

Avant le lever du rideau, tout a été préparé par Acomat. Mais dans le drame lui-même les incidents sont amenés par le développement du caractère de Roxane. Jusqu'alors Bajazet ne s'est pas expliqué lui-même : tout s'est fait par l'intermédiaire d'Atalide. Roxane doute un peu de la sincérité du prince. Avant de le délivrer et de le couronner, elle veut le forcer à déclarer son amour et à le lui prouver en l'épousant. Bajazet se dérobe. Les soupçons de Roxane grandissent. Pour éclaircir le mystère, elle annonce à Atalide qu'elle va faire périr le prince. Atalide se trahit. Dans sa colère jalouse, Roxane abandonne Bajazet aux muets.

Acomat est dessiné avec une étonnante sûreté de main. On le connaît tout entier dès la scène d'exposition. Il est l'auteur de cette intrigue, qui doit affermir son pouvoir et peut-être sauver sa tête. Le chef-d'œuvre d'Acomat, c'est d'avoir réussi à rendre la sultane éperdument amoureuse d'un prince qu'elle n'a jamais vu. Rien n'existe pour le vizir que l'intérêt de son ambition. Il n'a aucun scrupule, il se rit des serments :

... Ne rougissez point : le sang des Ottomans
Ne doit point en esclave obéir aux serments.

Il a tout calculé, tout prévu. Par Roxane il est maître dans le sérail. Même il a l'appui des prêtres. Si le complot réussit, il sait que les janissaires se déclareront pour lui. En cas d'échec, ou de contre-temps, à toute heure un vaisseau l'attend dans le port. Par politique, et pour assurer sa situation, il veut épouser une femme qui appartienne à la famille de ses maîtres ; il a choisi Atalide, dont au fond il ne se soucie guère :

...... Voudrais-tu qu'à mon âge
Je fisse de l'amour le vil apprentissage ?
Qu'un cœur qu'ont endurci la fatigue et les ans
Suivît d'un vain plaisir les conseils imprudents ?

> C'est par d'autres attraits qu'elle plaît à ma vue :
> J'aime en elle le sang dont elle est descendue.
> Par elle Bajazet, en m'approchant de lui,
> Me va, contre lui-même, assurer un appui...
> S'il ose quelque jour me demander ma tête...,
> Je ne m'explique point, Osmin, mais je prétends
> Que du moins il faudra la demander longtemps.

Il faut voir Acomat à l'œuvre au moment le plus critique, quand tout son plan paraît détruit par les emportements de Roxane. La sultane, toute frémissante, vient de lui montrer le billet de Bajazet à Atalide. Le vizir a feint une grande indignation. Mais, resté seul avec son confident Osmin :

> Que veux-tu dire ? Es-tu toi-même si crédule
> Que de me soupçonner d'un courroux ridicule ?
> *Moi, jaloux* ! Plût au ciel que me manquant de foi
> L'imprudent Bajazet n'eût offensé que moi !

Et, comme Osmin lui demande pourquoi il n'a pas cherché à défendre Bajazet :

> Eh ! la sultane est-elle en état de m'entendre ?
> Ne voyais-tu pas bien, quand je l'allais trouver,
> Que j'allais avec lui me perdre ou me sauver ?

Osmin l'engage à sacrifier Bajazet pour faire sa paix avec le sultan. Alors Acomat :

> Roxane en sa fureur peut raisonner ainsi :
> Mais moi qui vois plus loin, qui, par un long usage,
> Des maximes du trône ai fait l'apprentissage,
> Qui d'emplois en emplois, vieilli sous trois sultans,
> Ai vu de mes pareils les malheurs éclatants,
> Je sais, sans me flatter, que de sa seule audace
> Un homme tel que moi doit attendre sa grâce,
> Et qu'une mort sanglante est l'unique traité
> Qui reste entre l'esclave et le maître irrité.

D'ailleurs, rien n'est désespéré :

> Bajazet vit encor : pourquoi nous étonner ?
> Acomat de plus loin a su le ramener.

La conspiration d'Acomat échoue, mais non par la faute du vizir. Las de voir tout compromis par ses alliés, il s'est décidé à agir seul. Quand il s'est rendu maître du sérail, il trouve Bajazet assassiné. Désormais la lutte serait sans objet. Acomat va se retirer sur son vaisseau, mais avec les honneurs de la guerre, et tout prêt à recommencer un jour; car il emmène une troupe de partisans.

Atalide et Bajazet ne se soucient guère des combinaisons du vizir. Ils ne s'occupent que de leur amour, et par là contrecarrent tous les projets d'Acomat.

Bajazet paraît trop galant et trop indécis. Il se prête trop aisément à la comédie de l'amour pour Roxane. Il a beau répondre assez froidement aux avances de la sultane : elle est en droit de conclure qu'il n'est pas loin de l'aimer. Sa conduite a quelque chose de louche qui n'est point d'un grand cœur ni même d'un parfait honnête homme. Son excuse, c'est qu'il a peur de causer la perte d'Atalide ; c'est aussi que pour son compte il ne redoute rien, il le dit du moins :

> La mort n'est point pour moi le comble des disgrâces ;
> J'osai, tout jeune encor, la chercher sur vos traces ;
> Et l'indigne prison où je suis renfermé
> A la voir de plus près m'a même accoutumé.

Et c'est par ce mépris de la mort que Bajazet, malgré tout, est bien turc.

Atalide est une figure un peu effacée, touchante pourtant dans son abnégation amoureuse. Elevée avec Bajazet dans le sérail, elle a eu pour lui d'abord une amitié d'enfant, qui, peu à peu, l'âge venant, s'est transformée en une tendre sympathie, puis en un amour profond, capable de tous les dévouements comme de toutes les délicatesses. Elle ne demanderait qu'à vivre ignorée avec l'homme de son choix. Mais Bajazet est du sang des sultans : sa vie sera menacée quelque jour, elle l'est déjà; il n'y a de salut pour lui que s'il monte au premier rang. Voilà ce qui rend Atalide ambitieuse pour son amant. Elle-même l'engage à ménager Roxane, qui peut le couronner ou le perdre. Bien plus, elle se résigne à jouer entre eux un rôle équivoque, à porter de l'un à l'autre des mots d'amour Même elle est prête à se sacrifier réellement, à jeter Bajazet dans les bras de Roxane :

> Je n'examine point ma joie ou mon ennui ;
> J'aime assez mon amant pour renoncer à lui.

Longtemps Atalide réussit à étouffer en elle toute inquiétude jalouse. Mais au moment du sacrifice suprême, le cœur lui manque :

> La sultane est contente ; il l'assure qu'il l'aime.
> Mais je ne m'en plains pas, je l'ai voulu moi-même.
> Cependant croyais-tu, quand, jaloux de sa foi,
> Il s'allait plein d'amour sacrifier pour moi ;
> Lorsque son cœur, tantôt m'exprimant sa tendresse,
> Refusait à Roxane une simple promesse ;
> Quand mes larmes en vain tâchaient de l'émouvoir ;
> Quand je m'applaudissais de leur peu de pouvoir,
> Croyais-tu que son cœur, contre toute apparence,
> Pour la persuader trouvât tant d'éloquence ?

Pour comble de malheur, même ce sacrifice sera inutile. Roxane saura lui arracher son secret; Atalide causera, sans le vouloir, la mort de son amant, et de cette imprudence elle se punira comme d'un crime. Ce personnage est intéressant par lui-même et assez vivant; surtout il est utile au drame en éveillant et déchaînant les fureurs jalouses de Roxane.

Roxane est dans le drame l'antithèse d'Acomat.

L'un fait tout par calcul; l'autre ne sait qu'obéir à sa passion implacable et sensuelle. Par ses emportements, ses exigences et ses caprices, la sultane déjoue une à une toutes les mesures du vizir. Indifférente à tout le reste, elle met sa puissance, ses générosités, ses ruses, son âme, au service de sa passion. Elle veut, coûte que coûte, l'homme qu'elle aime. Mais elle a beau chercher à se tromper elle-même sur les sentiments de Bajazet, elle y voit plus clair qu'elle ne voudrait. Elle a juré de savoir ce qui en est; et c'est là le ressort du drame. Elle a jusqu'ici pris plaisir à être dupe de la comédie amoureuse que lui jouaient Atalide et Bajazet. Pourtant elle avait de vagues soupçons, qu'elle veut maintenant éclaircir. Elle entend désormais que Bajazet se prononce. S'il cherche des fauxfuyants, elle le menace; et, pour se venger, elle ne reculera devant rien :

> Mais avez-vous prévu, si vous ne m'épousez,
> Les périls plus certains où vous vous exposez?
> Songez-vous que, sans moi, tout vous devient contraire?
> Que c'est à moi surtout qu'il importe de plaire?
> Songez-vous que je tiens les portes du palais;
> Que je puis vous l'ouvrir ou fermer pour jamais;
> Que j'ai sur votre vie un empire suprême;
> Que vous ne respirez qu'autant que je vous aime?
> Et, sans ce même amour, qu'offensent vos refus,
> Songez-vous, en un mot, que vous ne seriez plus?

Peu à peu les soupçons de Roxane se précisent. Elle devine quelque ruse, et pour démasquer les traîtres, elle se décide à ruser aussi, elle si franche jusque-là. Quand elle sait tout, sa fureur s'augmente de jalousies rétrospectives :

> Avec quelle insolence et quelle cruauté
> Ils se jouaient tous deux de ma crédulité!

Elle saura se venger du moins, et en vraie sultane,

habituée à voir couler le sang ; il faudra qu'Atalide
assiste au supplice de Bajazet :

> Toi, Zatime, retiens ma rivale en ces lieux.
> Qu'il n'ait, en expirant, que ses cris pour adieux.
> Qu'elle soit cependant fidèlement servie ;
> Prends soin d'elle : ma haine a besoin de sa vie.
> Ah ! si pour son amant facile à s'attendrir,
> La peur de son trépas la fit presque mourir,
> Quel surcroît de vengeance et de douceur nouvelle
> De le montrer bientôt pâle et mort devant elle,
> De voir sur cet objet ses regards arrêtés
> Me payer les plaisirs que je leur ai prêtés !

Mais elle ne peut se décider à frapper celui qu'elle aime avant une explication suprême ; elle lui reproche durement, et justement, sa duplicité :

> Je ne vous ferai point des reproches frivoles :
> Les moments sont trop chers pour les perdre en paroles.
> Mes soins vous sont connus : en un mot, vous vivez ;
> Et je ne vous dirais que ce que vous savez.
> Malgré tout mon amour, si je n'ai pu vous plaire,
> Je n'en murmure point ; quoiqu'à ne vous rien taire,
> Ce même amour peut-être, et ces mêmes bienfaits,
> Auraient dû suppléer à mes faibles attraits.
> Mais je m'étonne enfin que, pour reconnaissance,
> Pour prix de tant d'amour, de tant de confiance,
> Vous ayez si longtemps, par des détours si bas,
> Feint un amour pour moi que vous ne sentiez pas.

Elle offre de le sauver encore ; mais elle dictera les conditions :

> Pour la dernière fois, veux-tu vivre et régner ?...
> Ma rivale est ici : suis-moi sans différer ;
> Dans les mains des muets viens la voir expirer ;
> Et, libre d'un amour à ta gloire funeste,
> Viens m'engager ta foi : le temps fera le reste.
> Ta grâce est à ce prix, si tu veux l'obtenir.

Frémissante de colère et d'amour, elle attend la réponse de Bajazet. Les muets se tiennent derrière la porte, lacet en main ; malheur à qui sortira ! — Bajazet refuse. « *Sortez* », dit Roxane. Sur ce mot terrible finit vraiment le drame : Roxane peut mourir à son tour, elle n'a plus de raison de vivre.

V

RACINE ET LA BIBLE.

Les Hébreux de Racine sont encore de vrais Orientaux. Tout le sujet d'*Esther*, comme celui de *Bajazet*, se ramène à une intrigue de sérail ; Athalie fait songer à bien des reines d'Orient, et Joad est proche parent d'Acomat. Mais dans les drames sacrés de Racine, outre l'Orient profane, il y a l'Orient biblique et le Dieu d'Israël. Il y a aussi, dans la mise en œuvre, de grandes nouveautés, les hardiesses de la décoration, la musique, le chant, les chœurs, même le surnaturel et l'esprit religieux du théâtre grec. Tout cela s'annonce dans *Esther* et se déploie merveilleusement dans *Athalie*.

Racine avait beaucoup étudié la Bible. Il avait chez lui, nous le savons, plusieurs éditions savantes des livres saints, même des ouvrages d'exégèse. Nous possédons de lui des remarques, des réflexions pieuses, des commentaires sur divers passages de l'Écriture. Tout jeune, pendant son séjour à Port-Royal et à Uzès, il avait lu, relu et annoté l'Ancien et le Nouveau Testament. Pendant les dernières années de sa vie, la Bible était son livre de chevet. C'est là qu'il trouva le sujet de ses deux derniers drames.

Chrétien convaincu et soumis comme il l'était, il dut s'interdire toute invention romanesque, toute modification importante aux données de l'histoire sainte et aux caractères. Ecrivant pour les jeunes filles de Saint-Cyr, il dut choisir des sujets étrangers à l'amour profane ; il chercha et trouva ailleurs la matière de son drame, où Dieu devint l'acteur principal. Au poète on demandait aussi des chants, des morceaux lyriques. Par ces exigences, qui auraient sans doute effrayé ou égaré un génie moins souple, Racine se trouva comme transporté hors de son temps et placé dans des conditions analogues à celles où écrivaient les grands poètes dramatiques de la Grèce. Avant de mourir, il eut la fortune de réaliser le rêve de toute sa vie : imiter, peut-être égaler Sophocle.

Dans les deux tragédies sacrées de Racine s'agitent également les destinées du peuple élu de Dieu ; ce sont deux crises de l'histoire des Hébreux, où il y allait de l'avenir d'Israël et de l'accomplissement des promesses divines. *Esther* nous conduit à Suse au temps de la captivité ; *Athalie* nous ramène au royaume de Juda, dans le temple même de Jérusalem.

On connaît le sujet d'*Esther*. Les Hébreux, déportés en masse dans la vallée de l'Euphrate, sont menacés d'une nouvelle et plus terrible catastrophe. Aman, pour se venger du juif Mardochée, a obtenu du roi de Perse, Assuérus, l'ordre de massacrer tous les Israélites de la contrée. Mais Mardochée, à l'insu d'Aman, se trouve être l'oncle de la reine Esther. Celle-ci, pour sauver ses compatriotes, révèle à Assuérus le secret des intrigues d'Aman. Le roi ordonne le supplice de son ministre, accorde sa place à Mardochée et fait grâce à tous les Juifs.

Rien dans ce drame n'est de l'invention de Racine. Sauf « deux ou trois traits d'Hérodote pour mieux peindre Assuérus », il n'a fait que découper en scènes le récit du *Livre d'Esther*. Lui-même a signalé ce caractère de sa pièce :

« Il me sembla que, sans altérer aucune des circonstances tant soit peu considérables de l'Écriture sainte, ce qui serait, à mon avis, une espèce de sacrilège, je pourrais remplir toute mon action avec les seules scènes que Dieu lui-même, pour ainsi dire, a préparées. »

(Préface d'*Esther*.)

Esther n'est pas une vraie tragédie, au sens moderne du mot. D'après le *Privilège royal* accordé aux dames de Saint-Cyr, c'est « un ouvrage de poésie, tiré de l'Ecriture sainte, et propre à être récité et à être chanté. » Voilà bien la définition d'*Esther* : c'est un chapitre de l'Ecriture sainte, présenté sous forme dramatique.

De là certaines libertés qui donnent à cette pièce une physionomie à part dans l'œuvre du maître. D'abord elle a seulement trois actes. Puis, comme Racine le fait lui-même remarquer, l'unité de lieu n'y est pas strictement observée. Le décor change à chacun des actes : de l'appartement d'Esther, on passe à la salle du trône dans le palais d'Assuérus, pour revenir aux jardins d'Esther. Il est curieux de constater ici ce goût du spectacle, presque étranger aux drames profanes de Racine.

Enfin le poète admet dans sa tragédie des morceaux lyriques : il revient ainsi à une tradition presque complètement perdue depuis longtemps, et dont on trouve seulement le souvenir dans les *Stances* du *Cid* et de *Polyeucte*.

Esther marque donc un retour à l'ancienne liberté théâtrale. C'était en même temps, et surtout se rapprocher des conditions scéniques de la tragédie grecque. Racine a lui-même signalé ce rapport :

« J'entrepris donc la chose : et je m'aperçus qu'en travaillant sur le plan qu'on m'avait donné, j'exécutais en quelque sorte un dessein qui m'avait souvent passé dans l'esprit, qui était de lier, comme dans les anciennes tragédies grecques, le chœur et le chant avec l'action, et d'employer à chanter les louanges du vrai Dieu cette partie du chœur que les païens employaient à chanter les louanges de leurs fausses divinités. »

L'analogie s'observe dans bien des détails. N'avons-nous pas ici un *Prologue*, tout comme dans les pièces d'Euripide?

Si *Esther* est bien réellement, comme l'a voulu Racine, une sorte de tableau historique d'après l'Ecriture sainte, il ne faut pas s'étonner que l'action n'y soit point conduite comme dans un vrai drame. Les incidents ne sortent pas ici des caractères. En réalité, tout dépend du caprice d'Assuérus : ce qui est très conforme aux mœurs orientales, mais peu dramatique, même peu vraisemblable à la scène. On ne trouve point dans *Esther* cette profondeur de l'observation psychologique à laquelle nous a habitués Racine. Les personnages n'y sont que des instruments dans la main de Dieu. Mais ils n'en sont pas moins, historiquement, d'une étonnante exactitude : nous sommes bien réellement à Suse dans le palais des rois de Perse.

Assuérus est un vrai roi des contes arabes. On sait comment il s'y est pris pour choisir une femme :

De l'Inde à l'Hellespont ses esclaves coururent;
Les filles de l'Egypte à Suse comparurent;
Celles même du Parthe et du Scythe indompté
Y briguèrent le sceptre offert à la beauté.

Dans ses accès de terreur superstitieuse, Assuérus s'en rapporte au congrès des devins de Chaldée :

Entre tous les devins fameux dans la Chaldée,
Il a fait assembler ceux qui savent le mieux
Lire en un songe obscur les volontés des cieux.

Il veut le bien, mais il est entouré de serviteurs et de ministres intéressés à lui cacher la vérité. Dès qu'il soupçonne qu'on ne lui a pas tout dit, il cherche à s'éclairer. Il se fait apporter les annales de son règne, quelque chose comme ces plaques de terre cuite qu'on découvre de nos jours en Assyrie :

Il s'est fait apporter ces annales célèbres
Où les faits de son règne, avec soin amassés,
Par de fidèles mains chaque jour sont tracés.

Assuérus a longtemps oublié Mardochée et l'a laissé se morfondre à la porte de son palais. Tout à coup il le comble d'honneurs, et profite de l'occasion pour rabaisser l'orgueil de son ministre. Puis il offre à Esther, par caprice, la moitié de son royaume :

Tous vos désirs, Esther, vous seront accordés ;
Dussiez-vous, je l'ai dit, et veux bien le redire,
Demander la moitié de ce puissant empire.

Mais il serait dangereux de vouloir prendre au mot le despote. A la fin de la pièce, Assuérus fait pendre son premier ministre, donne sa place et ses biens à un mendiant, fait grâce aux Juifs, mais les autorise à se venger sur leurs ennemis :

Je te donne d'Aman les biens et la puissance :
Possède justement son injuste opulence.
Je romps le joug funeste où les Juifs sont soumis ;
Je leur livre le sang de tous leurs ennemis.

Les Juifs profitèrent si bien de la permission qu'avant de partir pour Jérusalem ils massacrèrent soixante-quinze mille personnes. Ainsi Assuérus reste cruel jusque dans sa clémence ; même dans ses actes de justice, il porte la fantaisie sanguinaire d'un roi d'Orient. Vraiment ne dirait-on pas une figure des *Mille et une nuits* ?

Aman, qu'Assuérus traite si mal, était pourtant son digne ministre. C'est un ancien esclave :

Dans les mains des Persans jeune enfant apporté,
Je gouverne l'empire où je fus acheté.

Dur comme un parvenu, vaniteux comme un nabab,

ce qu'il aime surtout du pouvoir, ce sont les apparences puériles, les témoignages de respect, les génuflexions du solliciteur et du passant. Aman déteste Mardochée pour des raisons bien singulières et bien orientales. Tout ce qu'il reproche à ce vieux Juif déguenillé, c'est de n'aimer pas à plier le genou :

> En vain de la faveur du plus grand des monarques
> Tout révère à genoux les glorieuses marques ;
> Lorsque d'un saint respect tous les Persans touchés
> N'osent lever leurs fronts à la terre attachés,
> Lui, fièrement assis, et la tête immobile,
> Traite tous ces honneurs d'impiété servile,
> Présente à mes regards un front séditieux.

Pour se venger d'un pauvre homme, qu'il pourrait faire bâtonner à son aise, ce vizir veut massacrer tout un peuple. Il est habile pourtant, et sait comment l'on en fait accroire à un monarque crédule, jaloux de son pouvoir et tremblant pour sa vie :

> Je prévins donc contre eux l'esprit d'Assuérus ;
> J'inventai des couleurs, j'armai la calomnie,
> J'intéressai sa gloire : il trembla pour sa vie.
> Je les peignis puissants, riches, séditieux ;
> Leur dieu même ennemi de tous les autres dieux.

Il sait qu'autour de lui bien des haines le guettent ; et il n'en croit que trop les conseils de sa femme :

> Enfin la cour nous hait, le peuple nous déteste...
> Où tendez-vous plus haut ? Je frémis quand je voi
> Les abîmes profonds qui s'offrent devant moi...
> La chute désormais ne peut être qu'horrible.
> Osez chercher ailleurs un destin plus paisible :
> Regagnez l'Hellespont et ces bords écartés
> Où vos aïeux errants jadis furent jetés...
> La mer la plus terrible et la plus orageuse
> Est plus sûre pour nous que cette cour trompeuse.

Aman va pourtant chez Esther ; car il serait plus dangereux de se tenir à l'écart. Lorsqu'il se voit découvert, il montre à nu toute sa lâcheté native. Il se jette aux pieds d'Esther, se déclare le protecteur des Juifs, s'offre à faire massacrer leurs ennemis :

> Les intérêts des Juifs déjà me sont sacrés.
> Parlez : vos ennemis aussitôt massacrés,
> Victimes de la foi que ma bouche vous jure,
> De ma fatale erreur répareront l'injure.
> Quel sang demandez-vous ?

Pour peu qu'on l'en pressât, Aman croirait au Dieu d'Israël, et sincèrement peut-être ; car le Dieu d'Israël est le plus fort.

Mardochée est juif de la tête aux pieds, et à l'âme. C'est bien l'homme de l'Ancien Testament, tout à son Dieu, et pour qui rien n'existe en dehors d'Israël. S'il a poussé sa nièce dans le sérail du roi de Perse, s'il se réjouit de la voir devenue la sultane favorite, c'est uniquement pour le profit qu'en tireront ses compatriotes. Il s'étonne, il s'indigne même des hésitations d'Esther, lui dicte sa conduite, et parle ferme au nom de son Dieu :

> Quoi ! lorsque vous voyez périr votre patrie,
> Pour quelque chose, Esther, vous comptez votre vie !
> Dieu parle, et d'un mortel vous craignez le courroux !

Esther peut se définir par ces deux mots qui résument toute sa vie : c'est une Juive devenue sultane en Perse.

Elle raconte naïvement l'histoire de son élévation subite :

> Enfin, on m'annonça l'ordre d'Assuérus.
> Devant ce fier monarque, Elise, je parus...
> De mes faibles attraits le roi parut frappé :
> Il m'observa longtemps dans un sombre silence ;
> Et le ciel, qui pour moi fit pencher la balance,

> Dans ce temps-là, sans doute, agissait sur son cœur.
> Enfin, avec des yeux où régnait la douceur :
> « Soyez reine », dit-il ; et, dès ce moment même,
> De sa main sur mon front posa son diadème.

Dans tout le rôle d'Esther on ne trouve pas pour le roi un seul mot d'amour. Pour elle, comme pour toutes les femmes du sérail, il est simplement le maître, le sultan. Elle ne parle de lui qu'en tremblant. Elle s'évanouit de peur en sa présence. Quand elle reprend ses sens, elle s'étonne de ne pas le voir lancer la foudre :

> Seigneur, je n'ai jamais contemplé qu'avec crainte
> L'auguste majesté sur votre front empreinte ;
> Jugez combien ce front irrité contre moi
> Dans mon âme troublée a dû jeter d'effroi :
> Sur ce trône sacré qu'environne la foudre
> J'ai cru vous voir tout prêt à me réduire en poudre.

Esther est une vraie sultane, mais une sultane juive. Elle s'en remet de tout sur son Dieu, le Dieu d'Israël, maître du ciel et de la terre, toujours occupé à punir ou défendre le peuple élu ; pour sauver ses compatriotes, elle ne compte que sur la prière :

>   O mon souverain Roi,
> Me voici donc tremblante et seule devant toi !...
> J'attendais le moment marqué dans ton arrêt,
> Pour oser de ton peuple embrasser l'intérêt.
> Ce moment est venu : ma prompte obéissance
> Va d'un roi redoutable affronter la présence.

Elle parle de son Dieu en fille de Juda :

> Ce Dieu, maître absolu de la terre et des cieux,
> N'est point tel que l'erreur le figure à vos yeux :
> L'Eternel est son nom, le monde est son ouvrage ;
> Il entend les soupirs de l'humble qu'on outrage,
> Juge tous les mortels avec d'égales lois,
> Et du haut de son trône interroge les rois.

Des plus fermes États la chute épouvantable,
Quand il veut, n'est qu'un jeu de sa main redoutable.

C'est là l'originalité d'Esther dans le sérail du roi de Perse. Pour tout le reste, elle n'est point dépaysée à Suse. Elle est inaccessible à la pitié, implacable dans sa haine. Elle ne trouve pas un mot pour sauver Aman du supplice et des milliers d'hommes du massacre.

Tous les personnages de la tragédie sont donc très vrais historiquement. Malgré cela, peut-être à cause de cela, ils sont peu dramatiques. Ils sont trop simples, trop entiers pour être bien vivants à la scène. Ce qui donne de l'unité, même un peu de vie au drame, c'est ce personnage invisible et présent, le Dieu d'Israël, qui d'un bout à l'autre mène l'action. C'est lui qui fait parler Mardochée, qui fait agir Esther, qui touche le cœur d'Assuérus, qui épouvante Aman et le frappe. Ce Dieu, qui conduit tout sans se montrer lui-même, on le rencontre pourtant dans tout le drame : il est comme rendu visible par le chœur. En cela, Racine a véritablement dérobé à Sophocle un de ses secrets : Jéhovah joue dans *Esther* le rôle de la Fatalité dans *Œdipe-Roi*. Le chœur des jeunes Israélites est à la fois témoin de l'action et acteur. Il se mêle à l'entretien d'Esther et de Mardochée. Il accompagne Esther dans la salle du trône. Pendant que la reine avec Assuérus assiste derrière un voile à la délibération des astrologues, le chœur appelle au secours de son peuple le Dieu d'Israël :

> Dieu d'Israël, dissipe enfin cette ombre.
> Des larmes de tes saints quand seras-tu touché ?
> Quand sera le voile arraché
> Qui sur tout l'univers jette une nuit si sombre ?
> Dieu d'Israël, dissipe enfin cette ombre :
> Jusqu'à quand seras-tu caché ?

Pendant le banquet, les groupes d'Israélites se tiennent dans les jardins. Elles guettent l'arrivée d'Aman, s'enfuient à son approche. Puis, Elise donne le signal des chants :

> Chères sœurs, suspendez la douleur qui vous presse.
> Chantons, on nous l'ordonne ; et que puissent nos chants
> Du cœur d'Assuérus adoucir la rudesse,
> Comme autrefois David, par ses accords touchants,
> Calmait d'un roi jaloux la sauvage tristesse !

Et il ne s'agit point là d'un cantique banal. Ces stances alternées, chantées d'abord par une voix, puis reprises par tout le chœur, annoncent l'approche de Jéhovah qui dissipera les calomnies et changera l'âme du despote. Enfin, quand Esther l'emporte, quand Israël est sauvé, le chœur éclate en un chant de triomphe, en un magnifique concert d'actions de grâces :

> J'ai vu l'impie adoré sur la terre.
> Pareil au cèdre, il cachait dans les cieux
> Son front audacieux.
> Il semblait à son gré gouverner le tonnerre,
> Foulait aux pieds ses ennemis vaincus.
> Je n'ai fait que passer, il n'était déjà plus.

Logiquement, aussi bien que dans la réalité chronologique, *Esther* est comme une préparation, une ébauche d'*Athalie*. En travaillant une première fois pour Saint-Cyr, Racine s'était affranchi de certaines conditions un peu étroites du théâtre de son temps. Guidé par la Bible et par Sophocle, il avait entrevu une nouvelle conception du drame, où l'on suivrait fidèlement la tradition historique, où l'on ne serait plus nécessairement asservi à la peinture un peu monotone de l'amour profane, où s'encadreraient sans effort le chant et les chœurs, où l'illusion théâtrale se compléterait par l'exactitude du décor, et l'étude des âmes par la beauté vraie du spectacle, où passerait enfin comme un grand souffle d'esprit religieux. Tout cela était déjà dans *Esther* ; mais il y manquait précisément ce qui avait été autrefois l'essentiel de Racine, l'analyse de la passion et la logique du drame. La suprême originalité d'*Athalie*, c'est d'être aussi biblique pour le fond, aussi grecque qu'*Esther* pour la forme, et d'être en même temps un superbe drame psychologique, où tous les personnages, quoique sous l'œil de Dieu, vivent réellement d'une vie propre et se meuvent dans l'indépendance de leurs passions.

Racine a défini lui-même dans sa préface le sujet d'*Athalie* :

« Elle a pour sujet Joas reconnu et mis sur le trône ; et j'aurais dû, dans les règles, l'intituler *Joas*. Mais la plupart du monde n'en ayant entendu parler que sous le nom d'*Athalie*, je n'ai pas jugé à propos de la leur présenter sous un autre titre, puisque d'ailleurs Athalie y joue un personnage si considérable, et que c'est sa mort qui termine la pièce. »

Ici encore le poète s'est conformé scrupuleusement aux données de l'Ecriture. Nous possédons de lui des *Remarques sur Athalie*. On y voit avec quel soin il avait étudié son sujet et combien il se préoccupait d'éviter toute erreur historique. Outre la Bible, il se réfère au Talmud, aux travaux de l'anglais Lightfoot, au *Discours sur l'histoire universelle* de Bossuet, à la traduction de l'*Histoire des Juifs* de Josèphe par Arnauld d'Andilly, à la Bible de Saci, et à une foule d'auteurs ecclésiastiques. La préface de la pièce, qui est un modèle de précision savante, renferme de curieuses dissertations historiques sur le royaume de Juda, sur le temple de Jérusalem, sur les prêtres et les lévites, sur la vie d'Athalie, sur le caractère, l'âge et le rôle des personnages, enfin sur le chœur et la prophétie de Joad. On ne saurait mieux approfondir un sujet. Aussi Racine a-t-il admirablement rendu dans sa tragédie les traits principaux de la civilisation juive à l'époque où se passe l'action.

Dans *Athalie* encore, et même plus que dans *Esther*,

se montre le souci du spectacle, de la décoration vraie. Tout se passe dans un temple, comme pour l'*Ion* d'Euripide ; mais c'est le temple de Salomon, qui résume toute l'histoire religieuse des Hébreux. Il est décrit, au courant de l'action, en quelques traits précis. Tous les personnages y font de fréquentes allusions : ces murs parlent non seulement à leurs yeux, mais à leur âme. C'est que ce temple protège le vrai Dieu et ses prêtres et le roi légitime contre les entreprises de la reine usurpatrice et sacrilège. Naguère tout le peuple d'Israël, aux jours de fête, y apportait la dîme. Maintenant les prêtres offrent seuls le sacrifice ; autour du temple, les lévites en armes montent la garde ; et les chœurs de jeunes filles, confiants ou affolés, y passent en chantant. Par un prodige d'art, le décor même joue un rôle dans l'action. Le principal personnage, Joad, se sert du spectacle pour frapper les esprits. Aussi avec quel soin il surveille lui-même la mise en scène ! Il distribue aux lévites les lances et les épées que David a consacrées autrefois après sa victoire sur les Philistins. Il ordonne à Josabeth de préparer le diadème. Et voici venir le glaive de David, le livre de la loi, le bandeau royal. Josabeth essaie le diadème sur la tête de Joas. Autour du livre saint s'échangent les serments. Enfin, au dernier acte, c'est par un double décor que le poète traduit aux yeux son magnifique coup de théâtre. Quand Athalie entre, le temple a sa physionomie ordinaire. Soudain, un rideau se tire et découvre l'intérieur du sanctuaire : Joas sur son trône ; à droite, sa nourrice agenouillée ; à gauche, un chef de lévites, l'épée à la main ; à genoux sur les degrés, Zacharie et Salomith ; sur les côtés, plusieurs lévites, le glaive nu. Toute cette décoration d'*Athalie* est d'autant plus belle qu'elle symbolise l'action même.

Il y a dans la tragédie comme deux drames, l'un terrestre, l'autre divin, qui s'expliquent l'un l'autre et se complètent.

Le drame politique n'est pas seulement conforme à

l'histoire ; il est encore très vraisemblable, simple et naturel dans les moyens dramatiques, vrai d'une vérité humaine.

Un prêtre ambitieux songe à proclamer un prétendant. Il entre bien des éléments profanes dans le loyalisme obstiné de Joad. Des intérêts de son Dieu il ne sépare point ceux de sa caste. S'il montre tant d'intrépidité dans son dévouement à la race de David, c'est que, seul, le roi légitime rendra au grand prêtre de Jéhovah la place qui lui appartient dans l'Etat. Dès le début, Joad laisse voir clairement sa pensée :

> Il faut que sur le trône un roi soit élevé,
> Qui se souvienne un jour qu'au rang de ses ancêtres
> Dieu l'a fait remonter par la main de ses prêtres.

Avant de couronner Joas, il a soin de lier le jeune roi par un serment. Ce qui légitime l'ambition de Joad, c'est sa foi ardente dans la bonté de sa cause, dans la volonté nettement exprimée de son Dieu :

> Et comptez-vous pour rien Dieu, qui combat pour nous ?
> Dieu, qui de l'orphelin protège l'innocence,
> Et fait dans la faiblesse éclater sa puissance ;
> Dieu, qui hait les tyrans, et qui dans Jezraël
> Jura d'exterminer Achab et Jézabel ;
> Dieu, qui, frappant Joram, le mari de leur fille,
> A jusque sur son fils poursuivi leur famille ;
> Dieu, dont le bras vengeur, pour un temps suspendu,
> Sur cette race impie est toujours étendu ?

Ce prêtre exalté est de la grande race des conspirateurs : il en a les petites habiletés, les violences soudaines, les ruses, les hardiesses. Jusqu'au moment d'agir, il a su ménager Athalie, ne point la pousser à bout, endormir les soupçons, garder sa place. Et d'Abner, du brave Abner, il joue comme d'une marionnette ; il réveille, exalte son loyalisme dans cette curieuse scène qui ouvre le drame ; jusqu'au bout le grand prêtre garde son

ATHALIE. *d'après Gravelot.*

secret, mais, en retour de paroles vagues, il obtient un engagement précis. Puis, quand tout est prêt, Joad éclate en violences inouïes contre Mathan :

> Sors donc de devant moi, monstre d'impiété.
> De toutes tes horreurs, va, comble la mesure.
> Dieu s'apprête à te joindre à la race parjure,
> Abiron et Dathan, Doëg, Achitophel :
> Les chiens, à qui son bras a livré Jézabel,
> Attendant que sur toi sa fureur se déploie,
> Déjà sont à ta porte, et demandent leur proie.

Avec Athalie il ruse jusqu'à l'instant où elle donne dans le piège. Mais, quand la malheureuse reine s'est livrée sans défense, il lui fait payer cher tous les ménagements qu'il a longtemps gardés envers elle, il l'outrage à la face, et, sans pitié, la fait tuer sur place. Il faut voir aussi ce prêtre ordonner la défense, disposer les postes, régler tous les détails. Et comme il sait haranguer ses troupes improvisées !

> Voilà donc votre roi, votre unique espérance.
> J'ai pris soin jusqu'ici de vous le conserver :
> Ministres du Seigneur, c'est à vous d'achever...
> Il faut finir des Juifs le honteux esclavage,
> Venger vos princes morts, relever votre loi,
> Et faire aux deux tribus reconnaître leur roi.
> L'entreprise, sans doute, est grande et périlleuse.
> J'attaque sur son trône une reine orgueilleuse,
> Qui voit sous ses drapeaux marcher un camp nombreux
> De hardis étrangers, d'infidèles Hébreux.
> Mais ma force est au Dieu dont l'intérêt me guide.
> Songez qu'en cet enfant tout Israël réside...
> Mais je vois que déjà vous brûlez de me suivre.
> Jurez donc, avant tout, sur cet auguste livre,
> A ce roi que le ciel vous redonne aujourd'hui,
> De vivre, de combattre, et de mourir pour lui.

A force d'activité et d'éloquence, il a su transformer des lévites en bons soldats. Dans ce fanatique ambitieux il y a du conspirateur et du chef d'armée.

Ce qui frappe surtout chez lui, c'est la puissance de l'idée fixe. Et son énergie impitoyable est d'autant plus saisissante qu'il agit dans un temple, parmi les pâles figures de prêtres et de lévites, au milieu de femmes douces et timides comme Josabeth et les jeunes filles du chœur, à côté d'enfants comme Zacharie et Salomith, pour un roi de neuf ans qui n'est et toute sa vie ne devra être qu'un instrument entre les mains du grand prêtre. Quand Joad n'est pas là, on s'inquiète, on tremble ; dès qu'il paraît, une fièvre de guerre emplit le temple comme un camp.

Tout ce complot mené par un prêtre est dirigé contre une reine usurpatrice qui cherche à parer le coup. Athalie est une grande ambitieuse sur le retour. Elle a pleinement réussi autrefois, elle a établi son pouvoir sur le crime, et elle aime à rappeler que le succès a justifié ses audaces ensanglantées :

> Je ne veux point ici rappeler le passé,
> Ni vous rendre raison du sang que j'ai versé :
> Ce que j'ai fait, Abner, j'ai cru le devoir faire.
> Je ne prends point pour juge un peuple téméraire :
> Quoi que son insolence ait osé publier,
> Le ciel même a pris soin de me justifier.
> Sur d'éclatants succès ma puissance établie
> A fait jusqu'aux deux mers respecter Athalie.

Vieillie maintenant et peureuse, orgueilleuse et faible, elle se défend mal contre la superstition et le remords. Elle s'effraie d'un songe. Elle ne peut sans terreur passer devant le temple de Jéhovah, qui pourtant la fascine :

> Lasse enfin des horreurs dont j'étais poursuivie,
> J'allais prier Baal de veiller sur ma vie,
> Et chercher du repos au pied de ses autels :
> Que ne peut la frayeur sur l'esprit des mortels !
> Dans le temple des Juifs un instinct m'a poussée,
> Et d'apaiser leur Dieu j'ai conçu la pensée ;
> J'ai cru que des présents calmeraient son courroux,
> Que ce Dieu, quel qu'il soit, en deviendrait plus doux.

Elle s'épouvante à la vue d'un enfant. Elle s'attendrit, puis se raidit contre la pitié :

> La douceur de sa voix, son enfance, sa grâce
> Font insensiblement à mon inimitié
> Succéder... Je serais sensible à la pitié !

Elle est prise d'une sorte de vertige, ne sait où fixer son âme inquiète. Elle se décourage, elle passe subitement de la terreur à la menace. Elle voudrait se justifier à elle-même toutes ses cruautés. Et, si enfin renaît sa confiance superbe, c'est pour aller, au moment où ses troupes enveloppent le temple, se jeter presque seule au milieu de ses ennemis. Mais en face de la mort se retrouve l'Athalie d'autrefois, hautaine et résolue. Elle se redresse pour maudire le Dieu qui la frappe. Pour sa vengeance elle compte sur ce petit roi qui prend sa place : il est né pour le mal, car il est de sa race :

> Qu'il règne donc ce fils, ton soin et ton ouvrage ;
> Et que, pour signaler son empire nouveau,
> On lui fasse en mon sein enfoncer le couteau !
> Voici ce qu'en mourant lui souhaite sa mère :
> Que dis-je, souhaiter ? Je me flatte, j'espère
> Qu'indocile à ton joug, fatigué de ta loi,
> Fidèle au sang d'Achab, qu'il a reçu de moi,
> Conforme à son aïeul, à son père semblable,
> On verra de David l'héritier détestable
> Abolir tes honneurs, profaner ton autel,
> Et venger Athalie, Achab et Jézabel.

Quand Athalie faiblit ou flotte indécise, un homme est là, qui la pousse aux résolutions violentes, un ministre brutal et maladroit. Mathan est un ancien lévite, devenu grand prêtre de Baal. Il ne se soucie guère de son nouveau dieu :

> Ami, peux-tu penser que d'un zèle frivole
> Je me laisse aveugler pour une vaine idole,
> Pour un fragile bois que, malgré mon secours,
> Les vers sur son autel consument tous les jours ?

Mais il a été naguère le concurrent de Joad ; il le hait d'une haine de prêtre déçu dans ses ambitions. Il a juré de se venger de Jéhovah sur son grand prêtre, et cherche dans le crime l'oubli de ses remords :

> Heureux si, sur son temple achevant ma vengeance,
> Je puis convaincre enfin sa haine d'impuissance,
> Et parmi les débris, le ravage et les morts,
> A force d'attentats perdre tous mes remords !

Il obéit en esclave à cette jalousie qui l'aveugle. Il s'irrite de l'irrésolution d'Athalie :

> Ami, depuis deux jours je ne la connais plus.
> Ce n'est plus cette reine éclairée, intrépide,
> Élevée au-dessus de son sexe timide,
> Qui d'abord accablait ses ennemis surpris,
> Et d'un instant perdu connaissait tout le prix.
> La peur d'un vain remords trouble cette grande âme :
> Elle flotte, elle hésite ; en un mot, elle est femme.

Les yeux fermés, il la pousse au crime, et à sa perte.

Entre les deux partis hésite l'armée, que représente son chef, un brave homme, loyal d'intention, mais peu clairvoyant, désireux de tout ménager, ce qui l'égare dans une situation fausse et le livre à la merci des événements. Pendant bien des années, Abner a fidèlement servi Athalie, et maintenant il commande toutes les troupes de la reine. Pourtant il joue un rôle équivoque. C'est qu'il a conservé la foi de ses pères : il croit à Jéhovah et révère son grand prêtre. Il laisse même entendre qu'il ne soutiendrait point Athalie, si toute la race de David n'était éteinte. « Et si par hasard elle ne l'était pas, lui dit Joad, que feriez-vous ? » Abner répond par une belle protestation qui dans sa pensée ne l'engage à rien :

> O jour heureux pour moi !
> De quelle ardeur j'irais reconnaître mon roi !

Doutez-vous qu'à ses pieds nos tribus empressées...
Mais pourquoi me flatter de ces vaines pensées ?

Joad le tiendra par là, le compromettra si bien qu'au dernier moment le général ne pourra reculer. Malgré toutes ses belles intentions, la conduite du pauvre Abner ressemble fort à une trahison. Au fond, c'est un honnête homme un peu naïf, dont l'habileté de Joad a fait un traître.

De ces caractères si vrais et si simples naît toute l'action. Les inquiétudes d'Athalie la poussent vers le temple où elle sent que se cache un ennemi. Elle y reconnaît, sous la robe de lin d'un jeune lévite, l'enfant qu'elle a vu en songe. Elle le fait venir, l'interroge ; en face de cette candeur si éveillée, ses frayeurs redoublent. Poussée par Mathan, elle exige qu'on lui remette l'enfant. La réponse ambiguë, l'attitude hautaine du grand prêtre l'étonnent et l'irritent. Elle se décide à employer la force et par là précipite les événements. Elle envoie son général porter un ultimatum. Et, comme elle croit avoir terrifié ses ennemis, elle tombe dans le piège qu'on lui tend, elle vient elle-même chercher l'enfant. Mais le jeune roi est déjà proclamé, tous s'inclinent devant le fait accompli, et la malheureuse reine meurt percée de coups. Tout ce drame est si logique, si naturellement déduit de la situation initiale, que dès la première scène le poète a pu, sans choquer la vraisemblance, et par la simple définition des caractères, faire prévoir toutes les péripéties : le rideau est à peine levé, et, par un seul discours d'Abner, on pressent tout ce qui doit sortir de l'âme flottante du général, de l'énergie ambitieuse de Joad, de la scélératesse entêtée de Mathan, de l'inquiétude menaçante d'Athalie.

Ainsi l'intrigue entière s'explique par des mobiles purement humains. Et pourtant Jéhovah domine tout le drame. L'enfant que redoute Athalie et que couronne Joad est le seul représentant de la famille dont sortira le Messie : Dieu intervient et doit intervenir, parce que du succès de la conspiration dépend l'accomplissement des promesses divines. Derrière Athalie et Joad, qui se disputent le pouvoir, s'agitent les destinées du peuple élu et l'avenir religieux de l'humanité.

Jéhovah est partout présent. C'est lui qu'invoque Joad dès le début du drame ; c'est pour lui et en son nom que l'on conspire :

> Grand Dieu, si tu prévois qu'indigne de sa race,
> Il doive de David abandonner la trace,
> Qu'il soit comme le fruit en naissant arraché,
> Ou qu'un souffle ennemi dans sa fleur a séché !
> Mais, si ce même enfant, à tes ordres docile,
> Doit être à tes desseins un instrument utile,
> Fais qu'au juste héritier le sceptre soit remis ;
> Livre à mes faibles mains ses puissants ennemis ;
> Confonds dans ses conseils une reine cruelle :
> Daigne, daigne, mon Dieu, sur Mathan et sur elle
> Répandre cet esprit d'imprudence et d'erreur,
> De la chute des rois funeste avant-coureur !

Quand Athalie approche, c'est à Dieu que Joad prétend immoler sa victime :

> Grand Dieu, voici ton heure, on t'amène ta proie !

C'est au nom du même Dieu qu'il la menace :

> Tes yeux cherchent en vain, tu ne peux échapper,
> Et Dieu de toutes parts a su t'envelopper.
> Ce Dieu que tu bravais en nos mains t'a livrée :
> Rends-lui compte du sang dont tu t'es enivrée.

Athalie elle-même dans tout le complot reconnaît la main de Jéhovah :

> Dieu des Juifs, tu l'emportes !...
> David, David triomphe ; Achab seul est détruit.
> Impitoyable Dieu, toi seul as tout conduit !

Cette intervention de Dieu, d'un bout à l'autre du

drame, se marque aussi dans les chants du chœur. Ce chœur est réellement un personnage distinct qui prend part à l'action. Il joue son rôle à côté de Joad dans plusieurs scènes. Il précise la continuité du drame, que Racine d'ailleurs a rendue sensible par un petit détail matériel, en faisant rimer le premier vers du cinquième acte avec un des derniers vers lyriques du quatrième. C'est toujours Dieu que célèbre le chœur : au premier acte, la grandeur de Dieu :

> Tout l'univers est plein de sa magnificence.
> Qu'on l'adore, ce Dieu, qu'on l'invoque à jamais !
> Son empire a des temps précédé la naissance.
> Chantons, publions ses bienfaits.

Au second acte, le chœur vante la bonté de Dieu qui vient d'inspirer les réponses de Joas ; au quatrième acte, quand le temple est investi, il invoque l'aide de Jéhovah.

Le Dieu d'Israël se révèle mieux encore dans la magnifique prophétie de Joad ; il parle véritablement par la bouche de son grand prêtre inspiré :

> Cieux, écoutez ma voix ; terre, prête l'oreille.
> Ne dis plus, ô Jacob, que ton Seigneur sommeille !
> Pécheurs, disparaissez, le Seigneur se réveille...
> Comment en un plomb vil l'or pur s'est-il changé ?
> Quel est dans le lieu saint ce pontife égorgé ?
> Pleure, Jérusalem, pleure, cité perfide,
> Des prophètes divins malheureuse homicide.
> De son amour pour toi ton Dieu s'est dépouillé ;
> Ton encens à ses yeux est un encens souillé.
> Où menez-vous ces enfants et ces femmes ?
> Le Seigneur a détruit la reine des cités :
> Ses prêtres sont captifs, ses rois sont rejetés.
> Dieu ne veut plus qu'on vienne à ses solennités.
> Temple, renverse-toi ; cèdres, jetez des flammes.
> Jérusalem, objet de ma douleur,
> Quelle main en un jour a ravi tous tes charmes ?
> Qui changera mes yeux en deux sources de larmes
> Pour pleurer ton malheur ?...
> Quelle Jérusalem nouvelle

Sort du fond du désert brillante de clartés,
Et porte sur le front une marque immortelle ?
    Peuples de la terre, chantez :
Jérusalem renaît plus brillante et plus belle.
    D'où lui viennent de tous côtés
Ces enfants qu'en son sein elle n'a point portés ?
Lève, Jérusalem, lève ta tête altière ;
Regarde tous ces rois de ta gloire étonnés ;
Les rois des nations, devant toi prosternés,
    De tes pieds baisent la poussière ;
Les peuples à l'envi marchent à ta lumière,
Heureux qui pour Sion d'une sainte ferveur
    Sentira son âme embrasée !
    Cieux, répandez votre rosée,
Et que la terre enfante son Sauveur !

Athalie mérite une place à part, même dans l'œuvre si parfaite de Racine. De ce double drame où l'esprit divin passe sans détruire le jeu des passions humaines, de ce temple qui paraît complice de la sainte conspiration, de cette mise en scène éclatante et vraie, de ces cortèges de prêtres, de ces bataillons de lévites, de ces groupes de jeunes filles, de ces évolutions du chœur, de cette musique et de ces chants, de ce lyrisme qui unit l'homme à Dieu et le drame humain au drame divin, de ces beaux vers si francs et si forts, de tout cela se forme un ensemble merveilleux, un chef-d'œuvre complet comme en produisait la Grèce de Sophocle et de Phidias.

VI

LE THÉATRE DE RACINE ET LA SOCIÉTÉ DU XVIIe SIÈCLE.

Nous avons admiré chez Racine la puissance de l'observation psychologique et la vérité historique des caractères. Mais dans son théâtre n'y a-t-il rien de son temps ?

Ce serait bien surprenant. Toute œuvre dramatique

porte la marque de l'époque où elle est née. D'un certain point de vue on peut dire que dans tout théâtre on trouve les éléments d'un tableau de la société contemporaine du poète, ou du moins de l'idéal rêvé par les gens de sa génération. Racine n'a pas échappé à cette loi, et l'on peut distinguer dans son œuvre bien des détails particuliers au xviie siècle français.

Mais là-dessus il faut s'entendre. Soutenir, comme on l'a fait(1), que Racine a peint toujours ses contemporains, que dans toutes ses tragédies on retrouve invariablement et seulement la cour de Louis XIV, les gentilshommes et es belles dames de Versailles, c'est abuser étrangement de quelques apparences, c'est jouer du paradoxe. Surtout c'est méconnaître les deux plus grandes beautés du théâtre de Racine. C'est oublier d'abord la vérité humaine de ces drames qui mettent seulement en jeu les passions les plus générales, qui par là sont de tous les temps, de tous les pays, et qui dédaignent précisément les compromis et les ménagements familiers aux gens de cour, pour suivre l'âme dans sa logique la plus impitoyable, dans sa nudité la plus crue, jusqu'à l'égarement et jusqu'au crime. C'est aussi fermer les yeux sur la vérité historique des caractères ; c'est faire bon marché de Néron et de Mithridate, d'Acomat et de Joad, d'Agrippine et d'Athalie. Cette vérité historique et cette vérité humaine, voilà l'essentiel de Racine : c'est ce qu'il ne faut pas oublier, quand on cherche et qu'on trouve réellement dans son théâtre certains traits du xviie siècle.

Pour reconnaître sûrement les traces qu'a laissées dans les tragédies de Racine la société de son temps, il faut distinguer avec soin : 1° ce que ses contemporains y ont vu à tort ; 2° ce que lui-même y a bien certainement voulu mettre ; 3° ce qu'il y a mis malgré lui.

La tactique ordinaire de ses ennemis était de prétendre, à l'apparition de chacune de ses pièces, que l'his-

---

(1) Taine, *Nouveaux essais de critique et d'histoire*, p. 171-223.

toire n'y était nullement respectée et que tous ses personnages, sous des noms anciens ou exotiques, étaient de vrais courtisans français. Pour peu que la situation s'y prêtât, on se faisait un malin plaisir d'identifier les héros du poète avec quelques contemporains célèbres.

C'est surtout à propos d'*Esther*, que l'imagination se donna carrière. On vit dans la pièce composée pour les jeunes filles de Saint-Cyr un drame allégorique (1). On reconnut le roi dans Assuérus, Mme de Maintenon dans Esther, Mme de Montespan dans Vasthi, Louvois dans Aman. On compara la proscription des Juifs à celle des huguenots. Ce simple vers :

Et le roi trop crédule a signé cet édit,

devint une allusion terrible à la révocation de l'édit de Nantes. Tout le mystère fut dévoilé par ces couplets qu'on attribua au baron de Breteuil :

Racine, cet homme excellent,
Dans l'antiquité si savant,
Des Grecs imite les ouvrages ;
Il peint, sous des noms empruntés,
Les plus illustres personnages
Qu'Apollon ait jamais chantés.

Sous le nom d'Aman le cruel
Louvois est peint au naturel ;
Et de Vasthy la décadence
Nous retrace un portrait vivant
De ce qu'a vu la cour de France
A la chute de Montespan.

La persécution des Juifs
De nos huguenots fugitifs
Est une vive ressemblance ;
Et l'Esther qui règne aujourd'hui
Descend des rois dont la puissance
Fut leur asile et leur appui.

---

(1) *Mémoires de la cour de France* pour les années 1688 et 1689, par Mme de La Fayette.

> Pourquoi donc, comme Assuérus,
> Notre roi, comblé de vertus,
> N'a-t-il pas calmé sa colère ?
> Je vais vous le dire en deux mots•
> Les Juifs n'eurent jamais affaire
> Aux Jésuites et aux dévots.

A Paris, c'était un jeu d'esprit. Mais ailleurs on le prit au sérieux. Des protestants de Neufchâtel n'hésitèrent pas à écrire en tête d'une édition spéciale d'*Esther* : « On y voit clairement un triste récit de la dernière persécution.... Le lecteur pourra faire aisément une application des personnages d'Assuérus et d'Aman. »

A côté de l'interprétation frondeuse et huguenote, voici la version janséniste. Sion figure Port-Royal ; Mardochée n'est qu'un Arnauld déguisé ; le chœur représente les religieuses persécutées ; et Esther s'évanouit devant son mari tout comme la Mère Angélique devant son père lors de la fameuse *journée du guichet*.

Racine dut être bien étonné d'apprendre tous les mystères que cachait sa pièce. Mais ses fils et ses petits-fils devaient assister à bien d'autres métamorphoses de ses drames bibliques. En 1716, quand l'on donna aux Tuileries la première représentation publique d'*Athalie*, le petit roi Louis XV était dans la salle. On tressaillait à des vers comme celui-ci :

> Songez qu'en cet enfant tout Israël réside.

L'allusion était assez claire : Joas orphelin et menacé par Athalie, c'était Louis XV, presque seul survivant de la race de Louis XIV, et mal élevé par le Régent. Ce fut bien pis pendant les années qui précédèrent la Révolution, puis sous la Terreur et le premier Empire. Plusieurs fois on dut interdire la représentation d'*Athalie*, à cause des allusions hardies de Racine aux événements du jour. Et, en 1792, peu de temps avant la destruction définitive de Saint-Cyr, une vieille religieuse à l'agonie chantait les chœurs d'*Esther*, où étaient prédits les malheurs de sa patrie et de sa maison.

Voilà de quoi rendre circonspect sur le chapitre des allusions. Et pourtant les contemporains de Racine, qui devinaient tant d'intentions dans ses pièces, n'avaient pas tout à fait tort. Le poète, dans ses *Plaideurs*, s'était amusé à crayonner en charge un président de la Cour des comptes, la femme du lieutenant-criminel, une comtesse et plusieurs avocats célèbres. Il n'a pas pris tant de libertés dans ses tragédies ; cependant, à l'occasion, il donnait à l'un de ses héros quelque trait d'une physionomie de son temps.

Dès l'*Alexandre*, Racine (il le déclare lui-même dans sa dédicace) avait songé au roi en dessinant la figure du conquérant macédonien. Si l'on en croit Boileau, ce ne serait pas la seule fois que Louis XIV aurait posé devant Racine :

> Que Racine, enfantant des miracles nouveaux,
> De ses héros sur lui forme tous les tableaux.
> (*Art poétique*, IV, 197-198.)

Le roi aurait même profité des leçons du poète. C'est encore Boileau qui l'affirme :

> « Un grand prince, qui avait dansé à plusieurs ballets, ayant vu jouer le *Britannicus* de M. Racine, où la fureur de Néron à monter sur le théâtre est si bien attaquée, il ne dansa plus à aucun ballet, non pas même au temps du carnaval. » (Lettre à Monchesnay, septembre 1707.)

On sait que *Bérénice* fut demandée à Racine par Madame. Suivant Voltaire, la princesse, en choisissant ce sujet, aurait songé à la sympathie très vive qu'elle-même avait éprouvée pour le roi (1). Le fait est douteux. Mais

---

(1) Voltaire, *Commentaire sur Bérénice*, et *Siècle de Louis XIV*, chapitre 35.

l'histoire de Titus et de Bérénice présente plus d'un rapport avec la liaison de Louis XIV et de Marie Mancini. Le vers de Bérénice :

Vous êtes empereur, seigneur, et vous pleurez !

est évidemment un souvenir de la réponse que Marie Mancini fit à Louis XIV : « Vous m'aimez, vous êtes roi, vous pleurez, et je pars ! »

Dans *Bajazet*, on peut trouver quelque analogie entre l'amour de Roxane pour Bajazet et l'amour de la reine Christine pour Monaldeschi. On sait comment cet Italien fut assassiné en 1657, à Fontainebleau, par l'ordre de Christine jalouse ; avant de le faire tuer, elle lui avait vivement reproché son infidélité et, comme la sultane au prince turc, lui avait mis sous les yeux des lettres d'amour écrites par lui à une autre femme. De plus, Atalide entre Bajazet et Roxane fait songer à Mlle de Boutteville entre le grand Condé et Mlle du Vigean.

Pour *Esther*, il y avait certainement un peu de vérité au fond des interprétations fantaisistes qu'au XVIIe siècle on donnait de la pièce. On ne peut nier l'analogie du chœur des Israélites avec les pensionnaires de Saint-Cyr, ou d'Esther avec Mme de Maintenon : ces rapprochements sont indiqués dans le Prologue même de la tragédie. Au témoignage de Mme de Caylus, Mme de Maintenon elle-même prenait plaisir à se reconnaître dans Esther. D'ailleurs, plusieurs traits semblent tout à fait caractéristiques. Voici Mme de Maintenon à Saint-Cyr :

Cependant mon amour pour notre nation
A rempli ce palais de filles de Sion,
Jeunes et tendres fleurs par le sort agitées,
Sous un ciel étranger comme moi transplantées.
Dans un lieu séparé de profanes témoins,
Je mets à les former mon étude et mes soins ;
Et c'est là que, fuyant l'orgueil du diadème,
Lasse de vains honneurs, et me cherchant moi-même,

Aux pieds de l'Eternel je viens m'humilier
Et goûter le plaisir de me faire oublier.

Voici Louis XIV chez Mme de Maintenon :

Croyez-moi, chère Esther, ce sceptre, cet empire,
Et ces profonds respects que la terreur inspire,
A leur pompeux éclat mêlent peu de douceur,
Et fatiguent souvent leur triste possesseur.
Je ne trouve qu'en vous je ne sais quelle grâce
Qui me charme toujours et jamais ne me lasse.
De l'aimable vertu doux et puissants attraits !
Tout respire en Esther l'innocence et la paix.
Du chagrin le plus noir elle écarte les ombres,
Et fait des jours sereins de mes jours les plus sombres.

Boileau savait bien que tout le monde comprendrait quand il disait :

A Paris, à la cour, on trouve, je l'avoue,
Des femmes dont le zèle est digne qu'on le loue,
Qui s'occupent du bien en tout temps, en tout lieu.
J'en sais une, chérie et du monde et de Dieu,
Humble dans les grandeurs, sage dans la fortune,
Qui gémit, *comme Esther*, de sa gloire importune,
Que le vice lui-même est contraint d'estimer
Et que sur ce tableau d'abord tu vas nommer.
(Satire x, 513-520.)

Jusque dans son épitaphe, Mme de Maintenon sera comparée à Esther.

Ce n'est pas tout. Dans cette tragédie destinée à Saint-Cyr, Racine paraît bien avoir quelquefois pensé à Port-Royal, aux persécutions qui le frappaient, aux calomnies dont on le poursuivait. Dès le second vers du Prologue, on voit paraître la *Grâce*, si chère à l'abbaye janséniste :

Je descends dans ce lieu, par la Grâce habité.

Plusieurs passages de la tragédie semblent évoquer le souvenir de la pieuse éducation du poète à Port-Royal :

Que le Seigneur est bon ! que son joug est aimable !
Heureux qui dès l'enfance en connaît la douceur !
Jeune peuple, courez à ce maître adorable :
Les biens les plus charmants n'ont rien de comparable
Aux torrents de plaisir qu'il répand dans un cœur.
Que le Seigneur est bon ! que son joug est aimable !
Heureux qui dès l'enfance en connaît la douceur !

De même dans *Athalie*, le chœur chante la nécessité de l'amour de Dieu, encore une des doctrines favorites des amis de Pascal et d'Arnauld :

Vous qui ne connaissez qu'une crainte servile,
Ingrats, un Dieu si bon ne peut-il vous charmer ?
Est-il donc à vos cœurs, est-il si difficile
    Et si pénible de l'aimer ?
  L'esclave craint le tyran qui l'outrage ;
  Mais des enfants l'amour est le partage.
Vous voulez que ce Dieu vous comble de bienfaits.
    Et ne l'aimer jamais !

Et ce ne sont point là des rapports fortuits, témoin ce curieux passage de l'*Histoire de Port-Royal*, où Racine indique lui-même la comparaison :

« On pourrait citer un grand nombre de filles élevées dans ce monastère, qui ont depuis édifié le monde par leur sagesse et par leur vertu. On sait avec quels sentiments d'admiration et de reconnaissance elles ont toujours parlé de l'éducation qu'elles y avaient reçue ; et il y en a encore qui conservent, au milieu du monde et de la cour, pour les restes de cette maison affligée, *le même amour que les anciens Juifs conservaient, dans leur captivité, pour les ruines de Jérusalem.* »

Toutes ces allusions de Racine à des événements ou à des personnages de son temps relèvent surtout de la curiosité historique. Ce qu'il importe davantage de marquer, c'est ce qui, dans les idées et les mœurs du xviie siècle, s'est imposé à Racine comme malgré lui et à son insu.

Il ne faut pas oublier d'abord qu'au xviie siècle on ne connaissait pas de costumes de théâtre proprement dits. Les femmes portaient sur la scène une longue robe à traîne en soie ou en brocart, le grand manteau d'apparat, des souliers de satin, un diadème à panache, le tout agrémenté de dentelles, de diamants, de rubans et de chaînes. Les hommes paraissaient en habit brodé, avec une cuirasse de drap d'or ou d'argent, un élégant baudrier d'où pendait l'épée, des gants blancs à crépines, une cravate de dentelle, un grand chapeau à plumes qu'on tenait sous le bras ou à la main, de hauts souliers à talon rouge et une énorme perruque. En réalité, ce que la tradition imposait aux acteurs comme aux actrices, c'était le costume de cour, mais encore plus compliqué, surchargé de broderies et de clinquant.

Voilà qui explique, non point tout le théâtre de Racine, mais certaines formes extérieures de ce théâtre, l'aisance des conversations, le souci presque constant des bienséances et la politesse des manières. On pourrait, il est vrai, citer bien des scènes violentes où se montre à nu la passion. Mais justement, ce qui donne tant de puissance et de relief à ces scènes-là, c'est qu'elles contrastent avec le ton ordinaire du drame, où tous les personnages ont des façons de gens du monde.

En ce sens on peut reconnaître dans le théâtre de Racine certains traits de la cour de Louis XIV. Dans ses tragédies, comme à Versailles, le peuple ne paraît pas. Les rois de Racine, comme le Roi-Soleil, croient à leur droit divin et à l'étiquette. Ses confidents font songer à ces gentilshommes-servants, toujours perdus dans l'ombre d'un prince, uniquement préoccupés de l'accompagner, de l'annoncer, de l'écouter. Ses héroïnes parlent volontiers de leur rang, de leur naissance, comme les grandes dames du xviie siècle. Et si par hasard elles ne mouraient point de leur amour comme Phèdre ou Roxane, si elles ne fuyaient pas au bout du monde comme Bérénice, elles rejoindraient Junie chez les Vestales, comme au temps de Louis XIV les illustres pécheresses se réfugiaient au couvent. On peut retrouver tout cela dans Racine, avec un peu de bonne volonté. Mais, après tout, ce sont là de bien petits détails, qu'on découvre à la lecture par un effort de réflexion, mais qui disparaissent à la scène dans le mouvement du drame.

Le seul anachronisme choquant dans Racine, c'est sa complaisance pour la galanterie compassée du temps de Louis XIV, ou plutôt de la tradition théâtrale à cette époque. Voltaire l'a remarqué dans son *Temple du goût* :

> Racine observe les portraits
> De Bajazet, de Xipharès,
> De Britannicus, d'Hippolyte ;
> A peine il distingue leurs traits.
> Ils ont tous le même mérite :
> Tendres, galants, doux et discrets.
> Et l'Amour qui marche à leur suite
> Les croit des courtisans français.

Voltaire a raison, et ce défaut nous choque encore plus que lui. Cette galanterie banale a laissé des traces dans quelques-unes des plus belles scènes de Racine. Pyrrhus dit à Andromaque :

> Je souffre tous les maux que j'ai faits devant Troie.
> Vaincu, chargé de fers, de regrets consumé,
> Brûlé de plus de feux que je n'en allumai,
> Tant de soins, tant de pleurs, tant d'ardeurs inquiètes...
> Hélas ! fus-je jamais si cruel que vous l'êtes !

Néron même ne parle pas autrement à Junie. Ce qui est plus grave, cette imagination galante a égaré le poète dans la conception même de plusieurs personnages, de son Antiochus, de son Xipharès, de son Achille, de son Hippolyte. Je sais bien que de ces amours épisodiques le poète a tiré souvent, par contre-coup, et pour la peinture des passions jalouses, des effets très dramatiques. Il n'en est pas moins vrai que Racine a trop aisément accepté les traditions et le langage de la galanterie à la mode. C'est la seule partie de son théâtre et de son style qui ait vieilli. Par là Racine a payé le tribut que tout écrivain dramatique, bon gré mal gré, paie à son temps.

Ainsi l'influence des mœurs ou de l'idéal amoureux du xviie siècle est cause du seul défaut grave de Racine. Au contraire, sa religion l'a bien servi. On peut suivre l'idée chrétienne dans *Andromaque* et *Iphigénie*, comme dans *Esther* ou dans *Athalie*. Le christianisme affranchit le drame de Racine de la fatalité extérieure, et par là le rend plus vivant, plus vrai, même historiquement. L'homme n'est mené que par sa passion, il est responsable des fautes et des crimes où elle l'entraîne. De là ce nouveau ressort dramatique que notre poète excelle à manier : le remords.

Ce christianisme a une forme particulière. On sait que Racine fut toute sa vie du parti de Port-Royal. Son christianisme est le jansénisme : livré à ses seules forces, l'homme ne peut qu'errer et pécher. *Phèdre* montre la faiblesse de la nature humaine, son impuissance radicale à accomplir le bien sans le secours de la grâce. Aussi, quand Boileau eut porté la pièce au plus intrépide champion du jansénisme, le grand Arnauld rendit cet oracle :

« Il n'y a rien à reprendre au caractère de Phèdre, puisque par ce caractère il nous donne cette grande leçon, que, lorsqu'en punition de fautes précédentes Dieu nous abandonne à nous-mêmes et à la perversité de notre cœur, il n'est point d'excès où nous ne puissions nous porter, même en les détestant. » (*Mémoires* de Louis Racine.)

L'idée janséniste de la faiblesse humaine, des concessions trop nombreuses à la galanterie du xviie siècle, parfois le langage et les manières de Versailles, même quelques allusions certaines à des événements de l'époque : voilà ce qui, dans le théâtre de Racine, est du temps où vivait l'auteur. — « C'est beaucoup, dira-t-on, et il n'en faut pas plus pour défigurer des personnages et des sujets empruntés à l'histoire. » — L'objection serait juste et serait grave, n'était précisément le système dramatique de Racine. Le poète attire notre attention, non point sur l'extérieur du drame, mais uniquement sur les caractères, sur l'âme humaine étudiée dans ses passions les plus générales à une époque déterminée. Dès lors, peu importent le décor et le costume, et les manières et tout l'accessoire. On peut dire que toujours Racine est exact et vrai, parce que la psychologie est le tout de ses drames historiques.

CHAPITRE IV.

L'ART.

Dans nos littératures modernes, rien n'est plus voisin de la perfection qu'un drame de Racine. C'est le produit rare d'un génie original et circonspect, toujours égal à lui-même. C'est une entière convenance de l'invention et de l'exécution, de l'expression et de l'idée. C'est une harmonie singulière où concourent des qualités opposées et souvent inconciliables : l'audace et le goût, le coup de force et la mesure, le souci du détail et la vue nette de l'ensemble.

I

HARDIESSE DE LA CONCEPTION. — SIMPLICITÉ DES MOYENS. — HARMONIE DE LA COMPOSITION.

La forme est si belle et si pure qu'on s'y complaît d'abord et qu'il faut un retour sur soi-même pour saisir toute l'originalité du fond.

Ce poète délicat fut un grand audacieux. Il a osé mettre à la scène les fureurs d'Hermione et la passion éperdue de Phèdre. Il n'a pas craint de peindre après Tacite la Rome des Césars. De trois mots de Suétone, sans presque rien ajouter, il a tiré une pièce en cinq actes. Aux courtisans de Versailles il a fait accepter les tueries et les folies sensuelles du sérail de Constantinople. Et plus tard, lui, le poète de l'amour, il osait composer des pièces sans amour : en dialoguant quelques chapitres des Livres saints, il écrivait des drames dignes de la Bible.

Ce qui étonne plus encore, c'est, dans ces créations hardies, la simplicité des moyens. C'est que justement une des audaces de Racine est d'avoir résolument écarté de la tragédie tout convenu comme tout idéal, les êtres d'exception, les aventures extraordinaires et les sentiments guindés, pour en revenir à la nature, aux passions communes et aux situations vulgaires. Il part de données si élémentaires, si universellement vraies, qu'elles en sembleraient presque banales.

Transporter dans le cadre de la tragédie classique les sentiments et les conditions de la vie ordinaire, c'était renouveler entièrement le drame historique. A vrai dire, Racine n'en conserve que le cadre traditionnel. D'abord il évite avec soin les sujets et les héros du passé où il croit reconnaître quelque chose de trop particulier ; il recherche au contraire ceux qui montrent en jeu les passions éternelles. Puis, il explique toujours les actes de ses personnages par des mobiles purement humains. D'où cette conséquence, singulière en apparence, mais très logique au fond et naturelle : certains héros de Racine, historiquement, sont plus vrais chez lui, ou, si l'on veut, plus vraisemblables que dans les récits des auteurs anciens. Il n'y a plus ici ni surnaturel, ni caprice du destin, ni fatalité extérieure : chez Racine, tout est tiré de l'âme même. A cet égard, son Andromaque, sa Phèdre, son Néron, son Athalie, sont des merveilles de restitution psychologique.

Mais un poète tragique n'est ni un archéologue ni un historien. Il ne suffit pas que ses personnages soient exacts et vrais ; il faut encore qu'ils soient *mis au point* pour le public, c'est-à-dire qu'ils ne heurtent pas trop les idées ou les préjugés des contemporains. Racine excelle dans ce travail de transposition. On a même jugé qu'il allait trop loin dans cette voie. Récemment l'on s'est amusé à signaler dans ses drames de curieux contrastes entre les actions ou les antécédents de ses héros et leurs façons de gens du monde (1) : Oreste, qui parle si galamment, a tué sa mère et va tuer Pyrrhus ; la délicate fiancée d'Achille, comme une biche, va être sacrifiée sur un autel ; Aricie a pour aïeule la Terre, Thésée vient de rendre visite à Pluton, et Phèdre, la Phèdre chrétienne de Port-Royal et du grand Arnauld, est petite-fille du Soleil, fille de Minos et de Pasiphaé. Tout cela est juste : mais qui donc, pendant la représentation, y a jamais songé ? Il est certain que tous ces contrastes disparaissent à la scène. C'est miracle, au contraire, d'avoir pu rendre ces anciens ou ces orientaux si aisément intelligibles aux gens du xviie siècle, sans jamais sacrifier l'essentiel de la vérité historique : Racine y a réussi parce que son drame est tout psychologique et parce que sa psychologie s'attache surtout à démêler dans l'homme ce qu'il y a de permanent et d'universel. Ces passions communes, présentées sous le costume et l'extérieur du xviie siècle, dans le cadre exact d'un sujet historique, ne perdent rien de leur vérité générale, gagnent en vraisemblance scénique, et se détachent mieux en relief.

Les grands noms des héros et l'énergie des peintures ne doivent pas faire illusion sur les moyens employés. Ce que Racine étudie, ce sont bien les sentiments du commun des hommes dans les conditions ordinaires de la vie. Par là, il se rapproche évidemment des auteurs comiques. En effet, sa poétique ne diffère pas de celle de Molière. Bien souvent les ressorts du drame de Racine sont ceux de la comédie. Par exemple, dans la conduite de l'intrigue, on peut signaler de curieuses analogies entre *Mithridate* et l'*Avare*, entre *Bajazet* ou *Andromaque* et le *Dépit amoureux* de Molière ou les *Fausses confidences* de Marivaux.

(1) Lemaître, *Impressions de théâtre*, 1re série, p. 78 et suiv.

Ces moyens de comédie produisent dans la tragédie de Racine un effet tout différent, à cause du caractère des personnages. Néron se cache pour épier la conversation de Junie et de Britannicus. Le même Néron, un peu plus tard, surprend Britannicus aux pieds de Junie :

> Prince, continuez des transports si charmants.
> Je conçois vos bontés par ses remerciements,
> Madame : à vos genoux je viens de le surprendre.
> Mais il aurait aussi quelque grâce à me rendre :
> Ce lieu le favorise, et je vous y retiens
> Pour lui faciliter de si doux entretiens.

Voilà des scènes de comédie ; mais celui qui observe derrière un rideau, celui qui trouble l'entretien des deux amants, c'est Néron, et la situation devient terrible. De même dans *Mithridate*. Le héros, pour connaître les vrais sentiments de Monime, feint de vouloir la marier à Xipharès. Harpagon emploie la même ruse avec son fils. Mais Harpagon est un barbon ridicule et peu dangereux, tandis que Mithridate est un despote jaloux et sanguinaire : il y va de la vie de Xipharès et de Monime.

De plus, ces sentiments et ces situations ordinaires, qui sont la matière de la comédie, deviennent éminemment tragiques dans Racine parce qu'il en tire toutes les conséquences. Molière s'arrêtait à mi-chemin ; Racine va jusqu'au bout. L'homme le plus ridicule cesse de l'être le jour où l'on reconnaît en lui un assassin ou un fou. De même ici les moyens de comédie produisent la terreur ou la pitié, parce qu'ils mènent au crime, à la folie ou au suicide.

Des passions Racine fait sortir tout le drame. Il conserve naturellement les quelques incidents fournis par l'histoire ; mais il les prépare et les déduit logiquement. Et tous ceux qu'il ajoute sont la conséquence même des caractères.

De là cette puissante harmonie de la composition. Aucun épisode, rien d'étranger à la passion, rien d'extérieur à l'âme. Tout est contenu dans les données initiales : au poète de l'en tirer, à force de logique. Le développement du drame a la rigueur et la précision élégante d'une démonstration géométrique.

Une fois le sujet choisi, le plan devient la préoccupation dominante, on pourrait dire exclusive de Racine. Il n'a jamais varié sur ce point. Dès l'âge de vingt-deux ans, il écrivait :

> « J'ai fait un beau plan de tout ce qu'il doit faire, et, ses actions étant bien réglées, il lui sera aisé après cela de dire de belles choses. »
> (*Lettre* à Le Vasseur, juin 1661.)

Telle fut, pendant toute sa vie, sa méthode de travail. Pour être sûr de ne point céder à l'inspiration et de ne rien sacrifier à la forme, par défiance de sa facilité naturelle, il écrivait en prose le plan détaillé de sa pièce, acte par acte, scène par scène. Racine, nous dit son fils Jean-Baptiste,

> « Racine forma encore le projet de quelques tragédies, dont il n'est resté dans ses papiers aucun vestige, si ce n'est le *Plan du premier acte d'une Iphigénie en Tauride*. Ce plan n'a rien de curieux, si ce n'est qu'il fait connaître de quelle manière Racine, quand il entreprenait une tragédie, disposait chaque acte en prose. Quand il avait lié toutes les scènes entre elles, il disait : « Ma tragédie est faite », comptant le reste pour rien. »

Il n'écrivait pas un seul vers avant qu'il n'eût réussi à enchaîner logiquement toutes les scènes, à tout déduire des caractères, depuis l'exposition jusqu'au dénouement. S'il rencontrait des difficultés insurmontables, il abandonnait résolument son sujet pour en chercher un autre :

> « J'entendais dire à M. Racine, qui ne me refusait point

ses bons avis, qu'il avait été longtemps à se déterminer entre *Iphigénie sacrifiée* et *Iphigénie sacrifiante*, et qu'il ne s'était déclaré en faveur de la première qu'après avoir connu que *la seconde n'avait point de matière pour un cinquième acte.* »
(La Grange-Chancel, *Préface* de la tragédie *Oreste et Pylade*.)

Même sa pièce achevée, Racine était pris de scrupule à propos de tel ou tel détail qui lui semblait rompre l'ordonnance du drame. Il consultait ses amis et corrigeait sans se lasser. Au moment où il mettait la dernière main à *Esther*, il écrivait à Mme de Maintenon (1688) :

« Mon *Esther* est maintenant terminée, et j'en ai revu l'ensemble d'après vos conseils, et j'ai fait de moi-même plusieurs changements qui donnent plus de vivacité à la marche de la pièce. Le tour que j'ai choisi pour la fin du Prologue est conforme aux observations du Roi. M. Boileau-Despréaux m'a beaucoup encouragé à laisser maintenant le dernier acte tel qu'il est. Pour moi, madame, je ne regarderai l'*Esther* comme entièrement achevée que lorsque j'aurai eu votre sentiment définitif et votre critique. »

Rien de plus savamment construit que ces pièces de Racine, où tout paraît si simple, si naturel. Chacune de ses tragédies est comme un organisme complet, où le moindre détail a sa fonction et concourt à l'harmonie de l'ensemble.

Ce drame racinien, tout psychologique, est parfait en lui-même. On peut seulement en trouver la conception un peu étroite ; il laisse trop résolument de côté le monde extérieur pour ne s'attacher qu'aux caractères. Racine lui-même en avait conscience, puisqu'en finissant il a fait *Athalie*, un chef-d'œuvre unique en son théâtre par la richesse des horizons, par la concordance de l'action et des caractères avec le décor, la musique et le chant. C'est la même conception du théâtre, mais ici le drame racinien est élargi et complété, transporté du monde abstrait des âmes dans la réalité concrète.

II

LA LANGUE ET LE STYLE

Tel nous venons de voir Racine dans la conception et l'agencement du drame, tel il se montre dans sa langue et dans son style. Ce que nous allons trouver ici, c'est encore un grand respect de l'art, beaucoup de hardiesses, mais des hardiesses voilées et contenues, le sentiment de la mesure, un goût presque impeccable, de puissants effets obtenus avec une remarquable simplicité de moyens.

La langue de Racine, en ses éléments, n'est que la langue générale de la seconde moitié du xviie siècle. En cela le poète n'apporte rien de nouveau : il se contente d'éliminer, de choisir, de combiner.

Il s'interdit toute expression qui n'est point d'un usage courant. Même sa correspondance familière atteste une scrupuleuse attention dans le choix des termes. Plusieurs fois il reproche à son fils d'employer des mots nouveaux, d'apparence exotique. Il lui écrit un jour (16 mai 1698) :

« Votre relation du voyage que vous avez fait à Amsterdam m'a fait un très grand plaisir. Je ne pus m'empêcher de la lire hier, chez M. Le Verrier, à M. de Valincour et à M. Despréaux, qui m'ont fort assuré qu'elle les avait divertis. Je me gardai bien, en la lisant, de leur lire l'étrange mot de *tentatif*, que vous avez appris de quelque Hollandais, et qui les aurait beaucoup étonnés. »

Racine paraît même un peu sévère, quand il condamne certaines expressions qui sont aujourd'hui universellement admises. Par exemple, il dit à son fils (24 septembre 1691) :

« Vous me faites plaisir de me mander des nouvelles ;

mais prenez garde de ne les pas prendre dans les gazettes de Hollande ; car, outre que nous les avons comme vous, vous y pourriez apprendre certains termes qui ne valent rien, comme celui de *recruter* dont vous vous servez, au lieu de quoi il faut dire *faire des recrues.* »

Ici se marque bien la préoccupation constante du poète en fait de langage : s'en tenir aux termes usités à Paris dans les conversations entre honnêtes gens.

Racine emploie toujours les mots dans leur signification ordinaire. Mithridate *détruit*, Néron *naissant*, le *bruit* de ma faveur, toutes ces expressions où l'on a voulu voir des hardiesses de sens, se retrouvent dans beaucoup d'auteurs du xvie et du xviie siècle. Ce n'est point dans la signification des termes qu'il faut chercher l'originalité de la langue de Racine : elle est tout entière dans le tour, dans l'alliance ou la combinaison des mots.

Il aime le latinisme. Par exemple, il dira : *commettre* pour *confier*; *affliger* pour *accabler*; *affecter* pour *rechercher*; *admirer* pour *s'étonner*. Mais il n'y a pas à s'y arrêter : tout le monde au xviie siècle en usait ainsi.

Sur d'autres points, Racine s'écarte de plusieurs de ses contemporains. Dans ses tragédies il s'interdit les termes archaïques ou de métier, les expressions populaires. Il les connaissait fort bien pourtant, et il s'en sert volontiers dans ses lettres. Même, dans ses *Plaideurs*, il en a tiré beaucoup d'effets comiques. Par exemple, dans le monologue de Petit-Jean, il s'amuse à entasser les proverbes et les locutions populaires :

Ma foi ! sur l'avenir bien fou qui se fiera :
Tel qui rit vendredi, dimanche pleurera.
Un juge, l'an passé, me prit à son service ;
Il m'avait fait venir d'Amiens pour être suisse.
Tous ces Normands voulaient se divertir de nous :
On apprend à hurler, dit l'autre, avec les loups.
Tout Picard que j'étais, j'étais un bon apôtre,
Et je faisais claquer mon fouet tout comme un autre.
Tous les plus gros monsieurs me parlaient chapeau bas ;
« Monsieur de Petit-Jean, » ah ! gros comme le bras !

> Mais sans argent l'honneur n'est qu'une maladie.
> Ma foi, j'étais un franc portier de comédie :
> On avait beau heurter et m'ôter son chapeau,
> On n'entrait pas chez nous sans graisser le marteau.
> Point d'argent, point de suisse, et ma porte était close.

Ailleurs il accumule les termes de chicane, ce dont il s'excuse d'ailleurs dans sa préface. Mots techniques, archaïques ou populaires, rien de tout cela ne paraît dans les tragédies.

Mais que l'on n'aille point, d'après ces scrupules et ce respect de la langue courante, faire de Racine un puriste. Dans le choix des termes il est infiniment moins exclusif que la plupart des auteurs tragiques de son temps et surtout du XVIIIe siècle. Il a conservé dans ses pièces beaucoup d'expressions qu'on proscrivait d'ordinaire, et ses contemporains le lui ont reproché. Suivant d'anciens critiques, il n'aurait fait accepter le mot *chiens* dans *Athalie* qu'à la faveur d'une épithète :

> Que des *chiens dévorants* se disputaient entre eux.

Or le même mot *chiens* se lit ailleurs dans la même pièce, et sans adjectif :

> Dans son sang inhumain les *chiens* désaltérés ;

ou encore :

> Les *chiens*, à qui son bras a livré Jézabel...,
> Déjà sont à ta porte, et demandent leur proie.

Racine n'a jamais craint le mot propre : il sait appeler un chien *un chien*. Même il condamne expressément la théorie du *style noble*. Un jour, il querella Boileau à ce sujet :

« En lisant cet endroit (de Denys d'Halicarnasse), je me suis souvenu que, dans une de vos nouvelles remarques, vous avancez que jamais on n'a dit qu'Homère ait employé un seul mot bas. C'est à vous de voir si cette remarque de

Denys d'Halicarnasse n'est point contraire à la vôtre, et s'il n'est point à craindre qu'on vienne vous chicaner là-dessus...

« J'ai fait réflexion aussi qu'*au lieu de dire que le mot d'âne est en grec un mot très noble, vous pourriez vous contenter de dire que c'est un mot qui n'a rien de bas*, et qui est comme celui de cerf, de cheval, de brebis, etc. Ce *très noble* me paraît un peu trop fort. »

(Lettre à Boileau, 1693.)

Voilà qui est clair, semble-t-il; et ce ne sont pas là des théories de circonstance. Evidemment Racine évitait au théâtre un certain nombre de termes familiers ou populaires qu'il employait couramment dans ses autres œuvres; mais le vocabulaire de ses tragédies est encore prodigieusement riche, si on le compare à celui des tragédies de Voltaire.

En somme, la langue du théâtre de Racine est simplement celle de la bonne compagnie au temps de Louis XIV. Le poète n'admet que les mots d'un usage courant, mais, de ceux-là, il n'en proscrit aucun. Il manie le vocabulaire commun avec une admirable sûreté, et l'on n'a jamais poussé plus loin l'exacte propriété des termes.

Tout l'effort de Racine s'est porté sur la mise en œuvre des éléments ordinaires de la langue, sur le style.

Dans l'arrangement du détail, il a toujours montré la conscience et le scrupule des grands artistes. Il s'était formé à l'école des Grecs, et c'est tout dire. Il ne se lassait point de relire ses classiques : il soulignait dans le texte ou notait en marge les expressions qui le frappaient. Bien souvent dans ses tragédies il s'en est souvenu, et presque toujours avec bonheur. Surtout, dans ce commerce constant avec les vieux maîtres du beau langage, Euripide ou Sophocle, Virgile ou Tacite, il apprenait la secrète harmonie de la forme et du fond

Toujours il eut le tourment de la perfection. Il soumettait à ses amis tout ce qu'il écrivait, profitant des

RACINE.
Reproduction du Musée de Versailles

conseils, se corrigeant sans relâche. Dès le temps de son séjour à Uzès, il écrivait à La Fontaine (4 juillet 1662):

« Je vous prie de me renvoyer cette bagatelle des *Bains de Vénus* ; ayez la bonté de mander ce qu'il vous en semble; jusque-là je suspends mon jugement : *je n'ose rien croire bon ou mauvais que vous n'y ayez pensé auparavant.* »

Plus tard, après tant de victoires au théâtre, il adressait au Père Bouhours le manuscrit de *Phèdre*, avec ces mots :

« Je vous envoie les quatre premiers actes de ma tragédie, et je vous enverrai le cinquième, dès que je l'aurai transcrit. Je vous supplie, mon Révérend Père, de prendre la peine de les lire, et *de marquer les fautes que je puis avoir faites contre la langue*, dont vous êtes un de nos plus excellents maîtres.
« Si vous y trouvez quelques fautes d'une autre nature, je vous prie d'avoir la bonté de me les marquer sans indulgence. Je vous prie encore de faire part de cette lecture au Révérend Père Rapin, s'il veut bien y donner quelques moments. »

Mais, pour Racine, le conseiller par excellence, ce fut Boileau. Le satirique a dû revoir en détail toutes les tragédies de son ami, comme nous pouvons encore constater qu'il a revu et corrigé le manuscrit de l'*Histoire de Port-Royal*. La correspondance des deux poètes nous fournit, entre autres, une preuve frappante de leur confiance réciproque et de leur scrupule infini. Racine venait d'écrire ces belles strophes de son deuxième *Cantique spirituel*:

> De quelle douleur profonde
> Seront un jour pénétrés
> Ces insensés qui du monde,
> Seigneur, vivent enivrés,
> Quand par une fin soudaine
> Détrompés d'une ombre vaine
> Qui passe et ne revient plus,

Leurs yeux du fond de l'abîme
Près de ton trône sublime
Verront briller tes élus !

« Infortunés que nous sommes,
Où s'égaraient nos esprits ?
Voilà, diront-ils, ces hommes,
Vils objets de nos mépris.
Leur sainte et pénible vie
Nous parut une folie ;
Mais aujourd'hui triomphants,
Le ciel chante leur louange,
Et Dieu lui-même les range
Au nombre de ses enfants.

« Pour trouver un bien fragile
Qui nous vient d'être arraché,
Par quel chemin difficile,
Hélas ! nous avons marché !
Dans une route insensée
Notre âme en vain s'est lassée,
Sans se reposer jamais,
Fermant l'œil à la lumière
Qui vous montrait la carrière
De la bienheureuse paix.

« De nos attentats injustes
Quel fruit nous est-il resté ?
Où sont les titres augustes
Dont notre orgueil s'est flatté ?
Sans amis et sans défense,
Au trône de la vengeance
Appelés en jugement,
Faibles et tristes victimes,
Nous y venons de nos crimes
Accompagnés seulement. »

Boileau, prié d'examiner ces strophes, fit quelques observations de détail. Voici la réponse de Racine :

« A Fontainebleau, le 3ᵉ octobre 1694.
« Je vous suis bien obligé de la promptitude avec laquelle vous m'avez fait réponse. Comme je suppose que vous n'avez pas perdu les vers que je vous ai envoyés, je vais vous dire mon sentiment sur vos difficultés, et en même temps vous dire

plusieurs changements que j'avais déjà faits de moi-même. Car vous savez qu'un homme qui compose fait souvent son thème en plusieurs façons.

> Quand, par une fin soudaine,
> Détrompés d'une ombre vaine
> Qui passe et ne revient plus.

J'ai choisi ce tour, parce qu'il est conforme au texte, qui parle de la fin imprévue des réprouvés, et je voudrais bien que cela fût bon, et que vous pussiez passer et approuver *par une fin soudaine*, qui dit précisément la chose. Voici comme j'avais mis d'abord :

> Quand, déchus d'un bien frivole
> Qui comme l'ombre s'envole
> Et ne revient jamais plus.

Mais ce *jamais* me parut un peu mis pour remplir le vers, au lieu que *qui passe et ne revient plus* me semblait assez plein et assez vif. D'ailleurs j'ai mis à la 3ᵉ stance : *Pour trouver un bien fragile*, et c'est la même chose qu'un *bien frivole*. Ainsi tâchez de vous accoutumer à la première manière, ou trouvez quelque autre chose qui vous satisfasse. Dans la 2ᵉ stance :

> Misérables que nous sommes,
> Où s'égaraient nos esprits ?

infortunés m'était venu le premier, mais le mot de *misérables*, que j'ai employé dans *Phèdre*, à qui je l'ai mis dans la bouche, et que l'on a trouvé assez bien, m'a paru avoir de la force en le mettant aussi dans la bouche des réprouvés, qui s'humilient et se condamnent eux-mêmes. Pour le second vers j'avais mis :

> Diront-ils avec des cris.

Mais j'ai cru qu'on pouvait leur faire tenir tout ce discours sans mettre *diront-ils*, et qu'il suffisait de mettre à la fin : *Ainsi d'une voix plaintive*, et le reste, par où on fait entendre que tout ce qui précède est le discours des réprouvés. Je crois qu'il y en a des exemples dans les *Odes* d'Horace.

> Et voilà que triomphants.

Je me suis laissé entraîner au texte : *Ecce quomodo computati sunt inter filios Dei !* Et j'ai cru que ce tour marquait mieux la passion ; car j'aurais pu mettre : *Et maintenant triomphants*, etc.

« Dans la 3ᵉ stance :

> Qui nous montrait la carrière
> De la bienheureuse paix.

On dit *la carrière de la gloire, la carrière de l'honneur* c'est-à-dire par où on court à la gloire, à l'honneur. Voyez si l'on ne pourrait pas dire de même *la carrière de la bienheureuse paix*. On dit même *la carrière de la vertu*. Du reste, je ne devine pas comment je le pourrais mieux dire....

« Je vous conjure de m'envoyer votre sentiment sur tout ceci. J'ai dit franchement que j'attendais votre critique avant que de donner mes vers au musicien, et je l'ai dit à Mᵐᵉ de Maintenon, qui a pris de là occasion de me parler de vous avec beaucoup d'amitié... »

Cette lettre, mieux que tous les développements, montre comment Racine comprenait son métier de poète.

Chez un écrivain si consciencieux, on n'est pas surpris de constater le progrès continu du style. Quand il composait sa *Nymphe de la Seine*, Racine n'était encore qu'un bel esprit ; mais plus tard, à deux reprises, en 1666 et 1671, il retoucha son ode, dont les nombreuses variantes attestent un goût de plus en plus sûr. Dans la *Thébaïde*, l'expression est nette et le vers harmonieux, mais on sent trop l'imitation de Corneille et de Rotrou. Dans *Alexandre* se montrent les qualités essentielles du style de Racine : la pureté, l'harmonie, la justesse du coloris, l'imagination du détail ; avec cela, un peu de monotonie et d'emphase. Nous arrivons à la période des chefs-d'œuvre. Presque dans chacun d'eux se révèle quelque nouveau mérite de forme : dans *Andromaque*, l'audace et la vivacité du tour ; dans les *Plaideurs*, la fantaisie et la souplesse ; dans *Britannicus*, la vigueur, le trait, la richesse du coloris, la période ; dans *Bérénice*, l'élégance familière ; dans *Bajazet*, l'énergie toujours harmonieuse et sobre ; dans *Mithri-*

date et dans *Iphigénie*, la magnificence des périodes et la grâce ; dans *Phèdre*, le mouvement, l'éclat, et une extraordinaire variété. Dans les pièces composées pour Saint-Cyr, ce sont les mêmes qualités, avec un élément nouveau, l'image biblique, un peu adoucie. *Esther* est une merveille d'élégance sobre et d'harmonie. Dans *Athalie* se rencontrent toutes les audaces et toutes les grâces de Racine ; mais ce qui domine, c'est l'énergie, la précision et la couleur. Le poète semblait avoir atteint la perfection de son art. Pourtant il rêvait mieux encore. Dans les dernières années de sa vie, il avait préparé une nouvelle édition de ses tragédies où étaient corrigées bien des expressions et bien des rimes. Mais, peu de jours avant sa mort, par abnégation chrétienne, il jeta l'exemplaire au feu.

Dans tout ce qu'a écrit Racine, ce qui frappe d'abord, c'est l'absence presque complète de défauts : jamais d'impropriété, d'obscurité, de négligences, d'expressions faibles. Les qualités fondamentales y sont la simplicité, la solidité, la précision, l'élégance, le goût, l'harmonie. La phrase est souvent un peu courte, mais à l'occasion elle devient très ample et très forte. Pour peu que le sujet s'y prête, on voit intervenir les qualités brillantes, la vivacité, l'esprit, l'éclat, la sensibilité, l'imagination. Avec une surprenante souplesse, ce style semble se renouveler suivant la circonstance ou le genre.

Racine est un grand prosateur. Même dans ses dédicaces, il sauve la banalité de la louange par le tour spirituel. Dans ses préfaces, l'expression est étonnante de justesse et de sobriété, avec cela, vive et mordante. Ses pamphlets contre Port-Royal sont dignes des *Provinciales* par l'entrain, la verve, la raillerie toujours de bon ton. Ses discours académiques et ses ouvrages historiques ne sont pas moins remarquables par la netteté de la phrase, par la variété, par la vivacité du tour ou l'harmonie de la période. Sa correspondance est charmante de simplicité ; c'est un mélange exquis de sérieux et d'enjouement, de bonhomie et de tenue; souvent de l'esprit, jamais de recherche. Et, dans tous les genres, cette prose de Racine est d'autant plus belle qu'elle reste toujours de la vraie prose, sans rien du poète.

Le style du prosateur se retrouve dans l'œuvre dramatique, aussi souple, aussi solide et aussi varié, mais plus riche, et relevé par les dons les plus brillants de l'imagination.

Il faut pourtant commencer par signaler un défaut, le même que nous avons déjà rencontré dans l'étude du drame. Racine n'a point su se défendre contre le jargon de la galanterie à la mode. Par exemple, Oreste dit à Hermione :

> Madame, c'est à vous de prendre une *victime*
> Que *les Scythes* auraient dérobée à *vos coups*,
> Si j'en avais trouvé d'aussi cruels que vous.

A quoi Hermione répond avec beaucoup de sens :

> Quittez, seigneur, quittez ce *funeste langage:*
> A des soins plus pressants la Grèce vous engage.
> *Que parlez-vous du Scythe et de mes cruautés ?*

Les jeunes premiers de Racine ont un faible pour ce langage de convention. Quelquefois, mais beaucoup plus rarement, les femmes mêmes parlent comme ces héros galants. Ecoutez cet entretien d'Œnone et de Phèdre :

> Songez qu'une *barbare* en son sein l'a porté.
> — Quoique *Scythe et barbare*, elle a pourtant aimé.
> — Il a pour *tout le sexe* une haine fatale.

On connaît ce jargon des amoureux du XVIIe siècle. La femme est comparée à une *place forte*. L'amant se prépare à l'*assaut*. S'il est aimé, il devient le *vainqueur*. Il *rend les armes*, il subit un *joug*, il est *captif*, il reçoit une *blessure*, il a pour *tyrans* les yeux de sa belle, et se range à ses *lois*. La maîtresse est une *cruelle*, une *inhumaine*. Si elle a *quelque heureuse faiblesse* pour l'amant, elle *couronne sa flamme* ou *ses feux* ; car on *brûle* pour elle. Ou bien encore, la femme est une *idole* : on *idolâtre* les *divines* princesses, leurs *divins* appas ; leurs yeux sont des *dieux*. Voilà comment parlent trop souvent les amoureux de Racine. Et ces façons nous choquent, malgré toute l'élégance de la forme. C'est là tout ce qu'il y avait d'artificiel, et c'est là tout ce qui a vieilli, dans le style de Racine. Sur tout le reste il n'y a qu'à admirer.

Comme écrivain dramatique, la grande originalité de Racine est d'avoir rompu avec les traditions du style à panache. Il ne croit pas qu'il y ait une langue particulière au théâtre : il dit *cheval* aussi bien que *coursier*, *couteau* et *mors* aussi bien que *fer* et *frein*. Il a relativement peu d'antithèses, de comparaisons et d'inversions. Il évite en général les grandes périodes ; il raille l'abus qu'on en faisait à Port-Royal :

« Retranchez-vous donc sur le sérieux. *Remplissez vos lettres de longues et doctes périodes.* Citez les Pères. Jetez-vous souvent sur les injures, et *presque toujours sur les antithèses*. Vous êtes appelé à *ce style*. Il faut que chacun suive sa vocation. » (Lettre à l'auteur des *Imaginaires*.)

Même il ne veut point de cette « justesse grammaticale qui va jusqu'à l'affectation. » Il transporte sur la scène l'aisance familière, la simplicité, le naturel, même les hardiesses et les incorrections apparentes de la conversation.

Mais de ces termes usuels et de ces tours familiers il tire bien des effets originaux.

Il excelle dans les rapprochements inattendus, dans les alliances de mots. Il a fréquemment de l'imprévu dans l'épithète : « l'Orient *désert* » — « offense *longtemps nouvelle* » — « honneurs *obscurs* » — « déserts *peuplés* de sénateurs » — « *fidèle* en ses menaces ». Il a des compléments d'une heureuse témérité : « boire la *joie.* » Ces audaces d'expression donnent un singulier relief à des vers comme ceux-ci :

> L'autel
> Où je vais vous *jurer un silence* éternel...
> N'en attendez jamais qu'une *paix sanguinaire*...
> Qui tous auraient brigué l'*honneur de l'avilir*...
> Sa réponse est *dictée*, et même son *silence*...
> M'avez-vous sans pitié *relégué dans ma cour* ?...
> Il *hait à cœur ouvert*...

Dans ces ingénieux rapprochements, chaque mot conserve son sens précis. Ce souci de l'exactitude va quelquefois jusqu'au réalisme. Dans son *Histoire de Port-Royal,* à propos du miracle de la Sainte Epine, Racine décrit les plaies de Mlle Perrier avec une crudité de praticien :

« Il y avait à Port-Royal de Paris une jeune pensionnaire de dix à onze ans, nommée Mlle Perrier, fille de M. Perrier, conseiller à la cour des aides de Clermont, et nièce de M. Pascal. Elle était affligée depuis trois ans et demi d'une fistule lacrymale au coin de l'œil gauche. Cette fistule, qui était fort grosse au dehors, avait fait un fort grand ravage en dedans. Elle avait entièrement carié l'os du nez, et percé le palais, en telle sorte que la matière qui en sortait à tout moment lui coulait le long des joues et par les narines, et lui tombait même dans la gorge. Son œil s'était considérablement apetissé ; et toutes les parties voisines étaient tellement abreuvées et altérées par la fluxion, qu'on ne pouvait lui toucher ce côté de la tête sans lui faire beaucoup de douleur. On ne pouvait la regarder sans une espèce d'horreur ; et la matière qui sortait de cet ulcère était d'une puanteur si insupportable que, de l'avis même des chirurgiens, on avait été obligé de la séparer des autres pensionnaires, et de la mettre dans une chambre avec une de ses compagnes beaucoup plus âgée qu'elle, en qui on trouva assez de charité pour vouloir bien lui tenir compagnie. »

Sa conception du théâtre ne se prêtait guère à des descriptions de ce genre. Pourtant certains passages de ses tragédies sont encore singulièrement réalistes. Dans *Phèdre* :

> Il veut les rappeler, et sa voix les effraie ;
> Ils courent : *tout son corps n'est bientôt qu'une plaie...*
> De son généreux sang la trace nous conduit ;
> Les rochers en sont teints ; *les ronces dégouttantes*
> *Portent de ses cheveux les dépouilles sanglantes ;*

et dans *Athalie* :

> Et moi je lui tendais les mains pour l'embrasser ;
> Mais je n'ai plus trouvé *qu'un horrible mélange*
> *D'os et de chairs meurtris et traînés dans la fange,*
> *Des lambeaux pleins de sang et des membres affreux*
> *Que des chiens dévorants se disputaient entre eux.*

Ce goût de la précision n'abandonne presque jamais Racine dans le choix de l'image. Ses métaphores sont ordinairement d'une frappante justesse. En voici un bel exemple dans *Andromaque* :

> D'un amour qui s'éteint c'est le dernier éclat.

Racine a même des vers pittoresques. Dans *Iphigénie* :

> Déjà le jour plus grand nous frappe et nous éclaire ;

dans *Athalie* :

> Et du temple déjà l'aube blanchit le faîte ;

et dans *Mithridate* :

> Vous y pouvez monter,
> Souveraine des mers qui vous doivent porter.

Ailleurs ce sont de vrais tableaux qui parlent aux yeux. Voici une fête de la Rome impériale :

> Ces flambeaux, ce bûcher, cette nuit enflammée,
> Ces aigles, ces faisceaux, ce peuple, cette armée,

> Cette foule de rois, ces consuls, ce sénat,
> Qui tous de mon amant empruntaient leur éclat ;
> Cette pourpre, cet or, que rehaussait sa gloire,
> Et ces lauriers encor témoins de sa victoire ;
> Tous ces yeux qu'on voyait venir de toutes parts
> Confondre sur lui seul leurs avides regards.

Il faut bien mentionner aussi le récit de la mort d'Hippolyte, qui est peu en situation, mais qui est une merveille de style pittoresque et coloré.

Alliances de mots, justesse de la métaphore, précision pittoresque et réaliste, ce sont là des beautés de détail. Ce qu'il faut noter surtout, ce sont deux procédés de style, qui sont ordinairement du domaine de la comédie, mais qui chez Racine deviennent éminemment dramatiques : l'emploi des vers familiers, et l'ironie.

Après une période soutenue ou dans une crise de passion, il aime à jeter une phrase toute familière, qui se détache avec d'autant plus de relief. Ainsi, dans *Britannicus*, au milieu de scènes émouvantes, on trouve des vers comme ceux-ci :

> Ma mère a ses desseins, madame, et j'ai les miens...
> Je vous ai déjà dit que je la répudie...
> Ma place est occupée, et je ne suis plus rien...

Dans *Bérénice* :

> Quand nous serons partis, je te dirai le reste...
> Voyez-moi plus souvent, et ne me donnez rien...

Dans *Athalie* :

> Mais nous nous reverrons. Adieu ! Je sors contente,
> J'ai voulu voir, j'ai vu.

L'ironie produit chez Racine d'admirables effets de terreur. On en trouve des exemples dans presque toutes ses tragédies. Telle est, après la mort de Britannicus, la réponse de Néron à sa mère :

> Moi ! voilà les soupçons dont vous êtes capable.
> Il n'est point de malheur dont je ne sois coupable.
> Et, si l'on veut, madame, écouter vos discours,
> *Ma main de Claude même aura tranché les jours.*
> Son fils vous était cher, sa mort peut vous confondre ;
> *Mais des coups du destin je ne puis pas répondre.*

Telle est encore l'ironie menaçante de Clytemnestre :

> Venez, venez, ma fille, on n'attend plus que vous ;
> Venez remercier un père qui vous aime,
> Et qui veut à l'autel vous conduire lui-même ;

ou celle de Roxane prête à ordonner le supplice d'Atalide et de Bajazet :

> Loin de vous séparer, je prétends aujourd'hui
> Par des nœuds éternels vous unir avec lui :
> Vous jouirez bientôt de son aimable vue.

Mais le chef-d'œuvre du genre est peut-être encore cette réponse d'Hermione à Pyrrhus :

> Seigneur, dans cet aveu dépouillé d'artifice,
> J'aime à voir que du moins vous vous rendiez justice,
> Et que, voulant bien rompre un nœud si solennel,
> Vous vous abandonniez au crime en criminel.
> Est-il juste, après tout, qu'un conquérant s'abaisse
> Sous la servile loi de garder sa promesse ?...
> Me quitter, me reprendre, et retourner encor
> De la fille d'Hélène à la veuve d'Hector ;
> Couronner tour à tour l'esclave et la princesse ;
> Immoler Troie aux Grecs, au fils d'Hector la Grèce ;
> Tout cela part d'un cœur toujours maître de soi,
> D'un héros qui n'est point esclave de sa foi.

Tels sont les procédés ordinaires du style de Racine. Ce n'est pas qu'à l'occasion on ne trouve chez lui autre chose; par exemple, des vers sententieux à la façon de Corneille :

> Quelques crimes toujours précèdent les grands crimes ;
> Quiconque a pu franchir les bornes légitimes
> Peut violer enfin les droits les plus sacrés :
> Ainsi que la vertu, le crime a ses degrés ;

ou des dialogues qu'on dirait de l'auteur du *Cid*, comme la scène de défi entre Néron et Britannicus. Mais ce sont là des exceptions dans Racine. Dans la plupart de ses drames, rien ne se détache aisément. Ce qui le caractérise entre tous, c'est l'audace qui se dissimule, la simplicité, l'élégance continue. Les traits les plus hardis sont amenés naturellement, sans aucune surcharge de coloris, mais au contraire par une dégradation insensible de la lumière. Dans ce style, tout en demi-teintes, pas de surprises ni de brusqueries ; c'est une harmonie très savante, très simple en ses éléments et pourtant très riche de tons, où tout est à sa place sans que rien attire l'œil par un relief trop accusé.

III

LE RYTHME.

Il en est de la versification de Racine comme de son style : c'est la même élégance, la même sûreté de goût, la même tranquillité d'audace, la même simplicité de moyens, la même variété dans la même harmonie.

Racine était né poète lyrique : il a commencé par des odes, il a fini par les chœurs de ses tragédies bibliques et par les *Cantiques spirituels*. Jusque dans le maniement de l'alexandrin il a montré une souplesse et des habiletés de lyrique.

Il n'a introduit aucun élément nouveau dans le rythme.

Et cependant il a innové beaucoup, à force d'ingénieuses combinaisons. Au grand vers de douze syllabes il a su donner une aisance, une harmonie et une variété singulières.

On a remarqué de nos jours que l'alexandrin paraît faible ou devient lourd, s'il renferme moins de quatre ou plus de cinq syllabes accentuées. Racine, sans probablement s'en douter, a presque toujours observé cette loi. Par exemple, voici un vers à cinq accents :

> Le *jour* n'est *pas* plus *pur* que le *fond* de mon *cœur*.

Généralement le vers racinien n'en renferme que quatre :

> L'Eter*nel* est son *nom;* le *monde* est son ou*vrage,*
> Il en*tend* les sou*pirs* de l'*hum*ble qu'on ou*trage,*
> *Juge* tous les mor*tels* avec d'é*gales lois,*
> Et du *haut* de son *trône* interroge les *rois.*

Deux des accents occupent nécessairement une place déterminée : le sixième et le douzième pied. Mais les autres sont mobiles ; et c'est un grand élément de variété dans la cadence de l'alexandrin. Dans ce jeu des syllabes accentuées Racine a excellé d'instinct.

Il rime plus richement qu'aucun de ses contemporains. On peut citer dans son théâtre de longs morceaux où ne paraissent guère que des rimes riches, par exemple dans les premières scènes du troisième acte de *Britannicus*.

Naturellement, comme chez tous nos poètes classiques, le vers est toujours coupé à l'hémistiche. Quand il n'a pas d'autres césures, il a beaucoup d'ampleur et de sonorité : c'est le rythme par excellence de la période. Comme c'est la physionomie ordinaire de l'alexandrin, il n'y aurait pas à s'y arrêter, si de cette coupe monotone Racine n'avait souvent tiré des effets curieux. Il s'en sert, par exemple, quand il veut peindre le silence de l'aurore :

> A peine un faible jour vous éclaire et me guide,
> Vos yeux seuls et les miens sont ouverts dans l'Aulide.
> Avez-vous dans les airs entendu quelque bruit ?
> Les vents nous auraient-ils exaucés cette nuit ?

ou l'immobilité d'une mer calme :

> Le vent qui nous flattait nous laissa dans le port.
> Il fallut s'arrêter, et la rame inutile
> Fatigua vainement une mer immobile ;

ou la langueur de Phèdre :

> Je ne me soutiens plus ; ma force m'abandonne.

Ordinairement Racine donne à l'alexandrin beaucoup plus de souplesse. Il en varie la coupe à l'aide des césures secondaires, qu'il place surtout au commencement du vers, rarement après le premier et le cinquième pied, très fréquemment après le second, le troisième et le quatrième :

> Frappe, | ou si tu le crois indigne de tes coups....
> J'aime. | Ne pense pas qu'au moment que je t'aime...
> Il mourut. | Mille bruits en courent à ma honte...
> Prends soin d'elle : | ma haine a besoin de sa vie...
> Nous séparer? | Qui ? | moi! Titus de Bérénice?...

Même dans le second hémistiche, Racine a des césures fort heureuses, surtout après le huitième, le neuvième et le dixième pied, quelquefois après le septième et le onzième :

> Si toutefois on peut l'être, | avec tant d'ennuis...
> Il faut que vous soyez instruit, | même avant tous...
> J'ai voulu te paraître odieuse, | inhumaine...
> Et que me direz-vous qui ne cède, | grands Dieux !...
> Je connais l'assassin. — Et qui, madame ? | — Vous...

Ainsi les césures peuvent occuper dans le vers n'importe quelle place. Parfois elles coupent l'alexandrin en quatre parties égales :

Mais tout dort, | et l'armée, | et les vents, | et Neptune ;

ou en quatre parties inégales :

Ma gloire, | mon amour, | ma sûreté, | ma vie...
J'aime. | A ce nom fatal, | je tremble, | je frissonne.

Le plus souvent, les césures sont disposées de façon à morceler l'un des hémistiches, en laissant à l'autre toute sa sonorité :

Presse, | pleure, | gémis ; | peins-lui Phèdre mourante...
Mais fidèle, | mais fier, | et même un peu farouche,
Charmant, | jeune, | traînant tous les cœurs après soi...
Muet, | chargé de soins, | et les larmes aux yeux...
Il avait votre port, | vos yeux, | votre visage...
La douceur de sa voix, | son enfance, | sa grâce...
J'ai trouvé son courroux chancelant, | incertain...
Et périssez du moins en roi, | s'il faut périr.

On voit que l'harmonie du vers racinien n'a rien de monotone. Sans manquer jamais aux règles fondamentales de l'alexandrin, le poète le renouvelle sans cesse par l'habile emploi des césures secondaires.

C'est par des procédés analogues qu'il évite l'uniformité dans la liaison des vers. On ne trouve guère de long morceau où tous les alexandrins s'acheminent deux à deux, ou isolément, avec la même régularité. Tantôt un vers empiète sur le précédent :

Et s'il m'écoute encor, madame, | sa bonté
Vous en fera bientôt perdre la volonté.

Tantôt c'est le premier vers qui semble se prolonger dans le second. Racine manie l'enjambement avec beaucoup de bonheur et de liberté. Il a fréquemment des rejets de trois et quatre pieds ;

> Je confesserai tout, exils, assassinats,
> Poison même. |
> L'aimable Bérénice entendrait de ma bouche
> Qu'on l'abandonne ! |

L'enjambement s'étend quelquefois jusqu'à la césure principale ; même il envahit le second hémistiche :

> Je l'ai trouvé couvert d'une affreuse poussière,
> Revêtu de lambeaux, tout pâle. |

Le rejet a d'autant plus de relief qu'il tombe après une plus longue série d'alexandrins uniformes :

> Et tout l'or de David, s'il est vrai qu'en effet
> Vous gardiez de David quelque trésor secret ;
> Et tout ce que des mains de cette reine avare
> Vous avez pu sauver et de riche et de rare,
> Donnez-le. |

Quelquefois le poète interrompt tout à coup le mouvement d'une période en jetant une césure dans le dernier hémistiche :

> Quiconque ne sait pas dévorer un affront,
> Ni de fausses couleurs se déguiser le front,
> Loin de l'aspect des rois qu'il s'écarte, | qu'il fuie !

Mais le procédé le plus habituel consiste à morceler, à l'aide de césures secondaires ou d'un rejet, l'avant-dernier vers pour augmenter encore la sonorité du dernier :

> Ainsi ce roi, qui seul a, durant quarante ans,
> Lassé tout ce que Rome eut de chefs importants,
> Et qui, dans l'Orient balançant la fortune,
> Vengeait de tous les rois la querelle commune,
> *Meurt*, | et laisse après lui, pour venger son trépas,
> Deux fils infortunés qui ne s'accordent pas.

Variété des coupes, emploi des césures secondaires

et de l'enjambement, tels sont les moyens très simples qui suffisent à Racine pour soutenir et renouveler toujours l'harmonie du vers, de la période et de la tirade. Il a su assouplir l'alexandrin et en varier le rythme sans jamais le défigurer ou le briser.

Pour bien saisir toutes les ressources de Racine dans sa versification, il faut le voir à l'œuvre dans ses poésies lyriques, surtout dans les chants d'*Esther* et d'*Athalie*.

Comme il nous le dit lui-même, il a voulu imiter les chœurs des tragédies grecques. Hâtons-nous d'ajouter qu'au XVIIe siècle on ne soupçonnait guère la structure rythmique d'une strophe de Sophocle, et que d'ailleurs il serait tout à fait impossible d'en reproduire les combinaisons avec nos langues modernes où la quantité est presque toujours incertaine. Aussi Racine n'a-t-il pu imiter que les apparences du lyrisme grec. Cette restriction faite, il faut reconnaître qu'il y a merveilleusement réussi.

Dans Racine, comme dans Euripide ou Sophocle, le chœur est vraiment un personnage du drame : il se mêle souvent à l'action, il interroge, il donne la réplique. Aussi beaucoup de scènes sont-elles en partie déclamées, en partie chantées. On peut citer comme exemple, dans *Esther*, la dernière scène du second acte, où Elise alternativement cause et chante avec les jeunes Israélites.

Dans les pièces bibliques de Racine, comme dans les tragédies grecques, les chants sont dirigés par un chef du chœur. Dans *Esther*, c'est Elise qui remplit ces fonctions de coryphée ; dans *Athalie*, c'est Salomith.

Le coryphée, ou, à son défaut, l'un des personnages du drame, Esther ou Joad, donne le signal des chants. En voici la forme la plus simple. Une voix seule entonne un couplet ; tout le chœur y répond, soit par le même couplet répété tout entier ou en partie, soit par d'autres paroles sur le même sujet et sur un rythme analogue. On trouve même chez Racine un souvenir de ces demichœurs qui dans les pièces grecques se répondaient sur le même air. Seulement ici les deux moitiés du chœur sont remplacées par deux voix (*Athalie*, acte III, scène VIII).

Souvent la structure se complique. Voici, par exemple, comment est faite la seconde scène d'*Esther* : une voix seule; une autre voix; les deux voix ensemble; tout le chœur; le coryphée; la première voix; tout le chœur; la seconde voix; tout le chœur.

Racine varie à l'infini ces combinaisons. Parfois il fait intervenir jusqu'à quatre ou cinq voix. Mais ce qu'on remarque partout chez lui, comme chez les poètes grecs, c'est la préoccupation de la symétrie. Elle se marque fréquemment dans l'intérieur d'un même couplet, par une sorte de refrain :

> Que ma bouche et mon cœur, et tout ce que je suis,
> Rendent honneur au Dieu qui m'a donné la vie.
>   Dans les craintes, dans les ennuis,
>   En ses bontés mon âme se confie.
> Veut-il par mon trépas que je le glorifie ?
> Que ma bouche et mon cœur, et tout ce que je suis,
> Rendent honneur au Dieu qui m'a donné la vie.

Toujours les voix se répondent; le chœur intervient à des intervalles réguliers; tout couplet en appelle un autre qui semble le compléter. Si l'on oublie un instant la structure intime du lyrisme grec, on a vraiment l'illusion d'un chœur d'Euripide. Et c'est merveille d'avoir pu produire ces effets avec une langue et une versification si différentes.

Ce qu'on distingue à première vue dans une ode grecque, c'est l'inégalité des vers et la symétrie des strophes. Tels sont aussi les deux principes qui dominent chez Racine la versification lyrique. Il use d'une entière liberté dans le choix des rythmes; mais dans toute strophe il a soin de reproduire au moins quelques éléments des strophes correspondantes, soit un refrain, soit la mesure de plusieurs vers, soit même le tour et l'idée.

On trouve dans ces chœurs une extraordinaire variété de rythmes. Quelquefois c'est une série régulière d'alexandrins :

> Combien de temps, Seigneur, combien de temps encore
> Verrons-nous contre toi les méchants s'élever?
> Jusque dans ton saint temple ils viennent te braver :
> Ils traitent d'insensé le peuple qui t'adore.
> Combien de temps, Seigneur, combien de temps encore
> Verrons-nous contre toi les méchants s'élever?

Le plus souvent les strophes sont des combinaisons heureuses de vers de toutes mesures. Voici un couplet plein de gaieté et de mouvement :

> Rions, chantons, dit cette troupe impie ;
> De fleurs en fleurs, de plaisirs en plaisirs,
>   Promenons nos désirs.
>   Sur l'avenir insensé qui se fie.
> De nos ans passagers le nombre est incertain :
> Hâtons-nous aujourd'hui de jouir de la vie ;
>   Qui sait si nous serons demain ?

Voici maintenant une strophe grave et menaçante, où passe toute la poésie des Livres saints :

> O mont de Sinaï, conserve la mémoire
> De ce jour à jamais auguste et renommé,
>   Quand, sur ton sommet enflammé,
> Dans un nuage épais le Seigneur enfermé
> Fit luire aux yeux mortels un rayon de sa gloire.
> Dis-nous pourquoi ces feux et ces éclairs,
> Ces torrents de fumée, et ce bruit dans les airs,
>   Ces trompettes et ce tonnerre ?
> Venait-il renverser l'ordre des éléments ?
>   Sur ses antiques fondements
>   Venait-il ébranler la terre ?

Dans la versification lyrique, Racine a fait de vraies trouvailles. Voici un curieux exemple de rythme ascendant :

> Rompez vos fers,
> Tribus captives ;
> Troupes fugitives,
> Repassez les monts et les mers ;
> Rassemblez-vous des bouts de l'univers.

Voici un rythme descendant :

> Dieu descend et revient habiter parmi nous :
> Terre, frémis d'allégresse et de crainte.
> Et vous, sous sa majesté sainte,
> Cieux, abaissez-vous !

Ailleurs ces deux rythmes se combinent dans un même couplet :

> Que vous semble, mes sœurs, de l'état où nous sommes ?
> D'Esther, d'Aman, qui le doit emporter ?
> Est-ce Dieu, sont-ce les hommes,
> Dont les œuvres vont éclater ?
> Vous avez vu quelle ardente colère
> Allumait de ce roi le visage sévère.

Il faut remarquer surtout la parfaite concordance de l'idée et du rythme. S'agit-il d'une vérité générale ? la strophe devient solennelle :

> On peut des plus grands rois surprendre la justice.
> Incapables de tromper,
> Ils ont peine à s'échapper
> Des pièges de l'artifice.
> Un cœur noble ne peut soupçonner en autrui
> La bassesse et la malice
> Qu'il ne sent point en lui.

Pour un chant d'espérance, la strophe s'allège et bondit. Pour louer le Dieu d'Israël, elle a le lointain des infinies perspectives :

> Que son nom soit béni ; que son nom soit chanté,
> Que l'on célèbre ses ouvrages

Au delà des temps et des âges,
Au delà de l'éternité.

Cet accord constant de la strophe et de la pensée, cette prodigieuse variété du rythme, cette symétrie jamais monotone, cette liberté de l'invention, voilà ce que Racine avait appris des Grecs et ce qu'il a su reproduire en notre langue avec autant de hardiesse que de goût. Ces chœurs d'*Athalie* et d'*Esther* révèlent, non seulement un grand poète, mais encore un versificateur de premier ordre, un incomparable ouvrier en l'art des vers. Ici se déploie librement le génie inventif que nous avons déjà vu à l'œuvre dans le maniement de l'alexandrin.

IV

UNITÉ DE L'ŒUVRE. — CONCLUSION.

Rythme ou style, structure ou conception du drame, tout dans ce théâtre concourt à produire une impression très nette de force tranquille et d'harmonie. Racine possède nombre de facultés éminentes : la sensibilité, l'esprit, l'imagination, l'énergie, l'éloquence. Une seule de ces facultés eût suffi sans doute pour le mettre au premier rang; peut-être même, isolée, eût-elle tout d'abord frappé davantage. Mais ce qui est extraordinaire ici, c'est l'équilibre de ces qualités brillantes qui se contiennent l'une l'autre et que maîtrisent toujours la conscience littéraire, le sentiment des proportions, le goût de la mesure et du solide. Racine cache ses richesses et ses audaces avec autant de soin que d'autres mettent à les étaler. Il apporte de grandes nouveautés, et pourtant il ne prétend rien bouleverser. Il s'en tient aux sentiments les plus généraux de l'âme humaine, aux formes consacrées de la tragédie, à la langue et à la versification de son temps. Mais de ces éléments ordinaires et si simples il tire des effets très neufs, à force de logique et d'art. Toujours il domine son œuvre, où chaque détail est subordonné à l'ensemble. Il faudrait peut-être remonter jusqu'aux Grecs pour trouver chez un poète un si parfait accord de la forme et du fond, tant d'élégance et de simplicité dans la hardiesse, tant de variété dans l'harmonie, tant de nuances et d'imprévu dans l'unité.

Vivement contestée par les partisans de Corneille et les survivants de la Fronde, la tragédie de Racine fut acclamée par la jeune cour et la nouvelle école, par tous ces illustres gens de lettres contemporains de Louis XIV qui allaient devenir les vrais classiques de la France, les plus complets représentants de son génie littéraire. Pendant toute la première moitié du xviiie siècle, le théâtre de Racine fut considéré comme la perfection suprême de l'art dramatique. Il contribua beaucoup à orienter la poésie moderne, même toute la littérature d'imagination, vers l'analyse presque exclusive des passions de l'amour. Mais il est à remarquer qu'en admirant Racine, et en croyant l'imiter, on rompait réellement avec son système dramatique: les auteurs tragiques, Voltaire en tête, revenaient à la tradition de Corneille et subordonnaient les caractères à l'intrigue. Cette tendance se marqua mieux encore dans la seconde moitié du xviiie siècle : on repoussa hautement la méthode de Racine et de Molière ; le mot d'ordre de Diderot, de Sedaine et de Beaumarchais fut de peindre au théâtre des situations et des conditions. Ce qui compromit bien plus la gloire de Racine, ce fut, aux temps de la Révolution et sous le premier empire, la maladresse et la foi obstinée de ses derniers imitateurs. Aussi l'Ecole romantique ne ménagea guère l'auteur de *Britannicus* et d'*Athalie*, en qui elle croyait reconnaître le plus dangereux de ses adversaires. Mais toutes ces querelles sont bien loin de nous. De nos jours, la tragédie de Racine a été remise à sa vraie place, parmi les chefs-d'œuvre de l'esprit français. D'ingénieux critiques ont découvert tour à tour de nouvelles raisons de l'admirer. Jamais sans doute on ne l'a mieux comprise qu'aujourd'hui : jamais elle n'a paru plus jeune, plus vivante et plus vraie.

TABLE DES MATIÈRES

	Pages.
CHAPITRE I. — L'HOMME.	7
I. — L'éducation littéraire et l'éducation mondaine. — L'élève de Port-Royal et le bel esprit.	9
II. — Première crise : rupture avec Port-Royal. — Les pamphlets contre Nicole et la Farce des *Plaideurs*. — D'*Andromaque* à *Phèdre*.	15
III. — Deuxième crise : conversion et retraite.	26
IV. — Retour offensif de la littérature et du monde. — L'Histoire du Roi. — Racine à la Cour et à l'Académie.	31
V. — L'homme de lettres au service du dévot. — Les chefs-d'œuvre chrétiens : tragédies sacrées, Cantiques spirituels, Histoire de Port-Royal.	39
VI. — Les dernières années : Racine entre Louis XIV et Port-Royal.	44
VII. — Caractère et tour d'esprit.	47
CHAPITRE II. — LE SYSTÈME DRAMATIQUE.	57
I. — La bataille dramatique. — Amis et ennemis.	57
II. — Nouveautés de la tragédie de Racine.	74
III. — Sa psychologie. — Les caractères.	80
IV. — Structure du drame.	89
CHAPITRE III. — LE THÉÂTRE.	97
I. — Vue d'ensemble. — La vérité historique dans le théâtre de Racine.	97

	Pages.
II. — Les Grecs.	105
III. — Les Romains.	127
IV. — Les Orientaux.	144
V. — Racine et la Bible.	162
VI. — Le théâtre de Racine et la société du XVIIᵉ siècle.	184

CHAPITRE IV. — L'ART. 197

    I. — Hardiesse de la conception. — Simplicité des moyens. — Harmonie de la composition. 197
    II. — La langue et le style. 203
    III. — Le rythme. 220
    IV. — Unité de l'œuvre. — Conclusion. 229

TABLE DES GRAVURES

	Pages.
Portrait de Racine, d'après Santerre.	*Frontispice.*
Les Plaideurs, d'après Gravelot.	21
Iphigénie. Id.	115
Britannicus. Id.	131
Mithridate. Id.	151
Athalie. Id.	175
Statue de Racine (*reproduction du musée de Versailles*).	207

Paris-Poitiers. — Société Française d'Imprimerie et de Librairie.

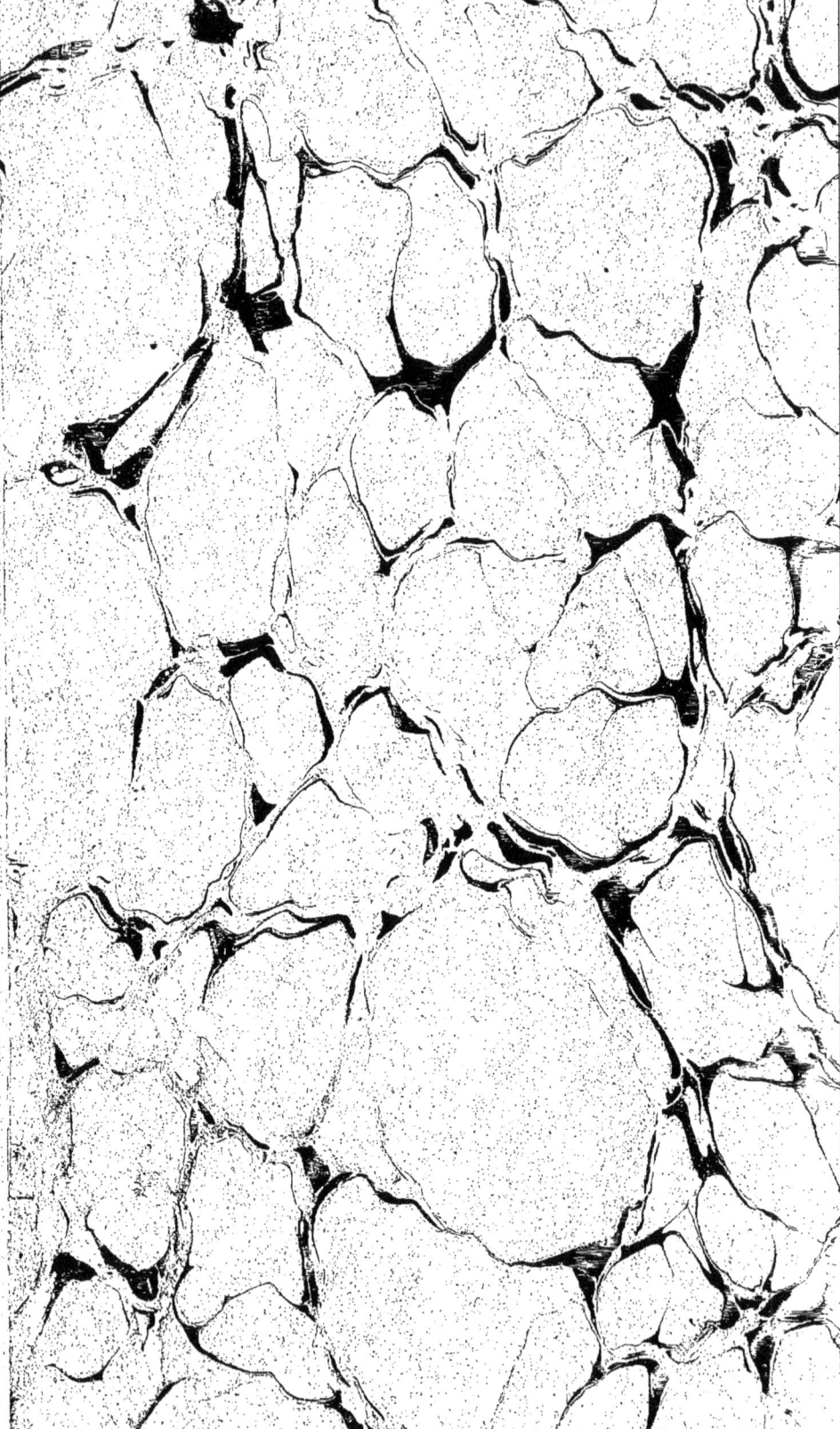

www.ingramcontent.com/pod-product-compliance
Lightning Source LLC
Chambersburg PA
CBHW060122170426
43198CB00010B/996